サリン

それぞれの証

木村晋介

目次

序章　円覚寺《えんがくじ》

秋の陽を浴びた数十段を登り、円覚寺の総門をくぐる。二〇一一年も十一月になるというのに秋らしい気配の訪れは遅く、紅葉を見ない。それでも境内を覆う常緑樹の美しさは、この寺の威厳を際立たせていた。拝観口を通ってすぐ左に松嶺院《しょうれい》。院の左側の細く長い石段を登りきると、院の墓所にたどり着く。墓所入り口の小屋に設けられたバーナーをひねり、一束の線香に火をつける。墓所の最も西側に並ぶ墓の数坪目にある五輪塔型墓石前に立つ。ここ十数年繰り返してきたことだ。

坂本《さかもと》　堤《つつみ》　平成元年十一月四日　享年　三十三歳
都子《さとこ》　平成元年十一月四日　享年　二十九歳
龍彦《たつひこ》　平成元年十一月四日　享年　一歳

墓誌にはそう刻まれている。

線香を供え、まず頭を下げた。手を合わせ、ご家族の冥福《めいふく》を念じ、オウム真理教犯罪被害者支援の進み具合について知る限りで報告した。天国では、龍彦君は二十三歳。社会人として歩き始めているはず。祈るうちに、胸の中に黒く染みだすようによみがえってきた。あの惨《むご》たらしい事件までのことが。

一九八九年十月十五日付サンデー毎日（十月二日発売）の白地の表紙には「オウム真理教の狂気」と銘打ったタイトルが真紅に躍っていた。これがオウム真理教の実態を暴露したスクープ報道である。入信して受ける修行の異常性、危険性。信者の人格までも変えてしまう洗脳の仕組み。入信したら肉親とも面会ができず、本人からはテレホンカード一枚までも含めすべての資産を教団に布施させる。即ち、個人の生活基盤全体を簒《さん》奪《だつ》する教義の構造。

その内容は衝撃的なものだった。記事には教団に入信し、あるいは騙《だま》されて入ってしまった息子や娘を帰せと叫ぶ父母たちの悲痛な声が記されていた。

そのスクープ記事の出た直後十月九日の月曜日。私はラジオ局のスタジオにいた。私が出演していたのは「梶原《かじわら》しげるの本気でＤＯＮＤＯＮ」という十一時からの二時間生番組。

新鮮な特選ニュースひとつをネタに、スタッフによる現場や事件当事者などへの生取材をいれ、またキャスターから関係者や専門家への直接電話インタビューを交えながら、ニュースの向こうに何が見えるのかを徹底解読する。これがこの番組のウリだった。私は月曜日のコメンテイターとして、この番組スタートのときから出演していた。

サンデー毎日のスクープ記事をもとにその先に何が見えるのか。この番組では、二時間を使って、オウムに関するあらゆる報道を放送することとした。ニュース探検隊と称するスタッフが、関連各所に配置された。番組開始とともに、キャスターの梶原からサンデー毎日の記事の紹介があり、オウムの道場からの実況中継などが入った。教団幹部やサンデー毎日側の記者へのインタビューも入った。宗教団体としての倫理に反しているという批判に対し、教団側は「教義をどのようなものにするか、入信した者が家族に会うか否かは、信教の自由の問題」と、宗教論争に問題をすり替えた。

私は「少なくとも、未成年者については、親権者の監督権があり、親と会わせないということには理由がないではないか。その上、信教の自由というのは、宗教団体からの脱退の自由も含むはず。すべての資産を布施してしまった信者には、脱退したあと、生活のめどがない。いずれにせよ脱退の自由を保障しないで、脱退すれば地獄に落ちるように脅すのは、信教の自由を侵すことになる」という議論を仕掛けた。が、彼らの反論は全くかみ合わないところへ飛翔《ひしょう》していった。

問題の大きさから、翌週の月曜日も、オウムをめぐる論争を取り上げることに決まった。

拳《こぶし》が突き上げられていた。サマナと呼ばれる衣装。その白い七分《しちぶ》袖《そで》から、数本の拳が空に向かっていた。小型の街宣車のスピーカーからその前にある、コンクリート造り四階建てのラジオ局に、大音量の放出。

「文化放送はぁ、信教の自由を守れぇ！」

「名誉毀損《きそん》をやめぇ、謝罪しろぉ！」

聞いてはいたものの、右翼の街宣なみの激しさだ。それに、あの服はなぁ……。

私は彼らに気づかれないように、ラジオ局からのタクシーを裏口につけ、迷路のような局舎の廊下をたどって第三スタジオに入った。腕時計は十時過ぎを指していた。

「いや、賑《にぎ》やかなことになりましたねぇ」スタジオで梶原氏に会うなりそう言った。

「あれから毎日ですからねぇ」

梶原氏も、あの浅黒い顔に張りついたゲジゲジ眉《まゆ》をひそませた。

「あれから、毎日。どのくらいやるんですか」

「一日五時間はたっぷりですねぇ」

打ち合わせに入る。スタッフから、「オウムに入信したまま連絡のとれない子供たちの家族から相談を受けている弁護士がいる。この弁護士にインタビューができないか」という話が出た。

その弁護士こそ、坂本堤弁護士だった。

聞けば、横浜《よこはま》法律事務所の所属だという。私と同期で弁護士になったI氏が所属する事務所だ。早速坂本弁護士に電話。インタビューを申し入れる。ＯＫだった。

このとき、このラジオへの電話生出演が、この弁護士とその一家の殺害事件につながっていこうとは、誰一人として予想しなかった。奇怪な教団であり、多くの問題を抱えてはいても、それほど凶暴残虐を極めるような集団とまでは考えていなかった。教団の狂気を甘く見ていたと言われればそれまでだが。

坂本堤弁護士の生インタビュー、生オンエアはできたものの、その後の局へ向けたオウムの激しい街宣行動に辟易《へきえき》していた丁度そのときだ。実は、TBSが映像メディアとして初になる坂本弁護士のオウム批判インタビューを、VTRで収録していたのだ。番組はTBSの当時の人気ワイドショー番組「3時にあいましょう」である。だが、この映像はオンエアされず、そのことが後に大問題とされた。TBSがオウムに反対取材した際、オウム側から「坂本がVTRで話していることを事前にチェックさせろ」と要求され、TBSはこれを呑《の》んでいたのだ。VTRを見たオウム側幹部はその放映への協力を拒絶、放映に厳しい態度を示した。八九年十月二十七日に放映されるはずの坂本映像は教団の圧力で没となる。かくしてオンエアされた坂本の肉声は、われわれの番組だけという結果になった。

さてその十月二十七日の直前だった。教団側から文化放送に、文書による抗議文と会談の申し出が届く。局側もこれに応じることにし、会談は十月末に予定された。

ところがこの会談は、なぜかオウム側から突如中止になる。街宣行動も十月末ピタっとおさまった。やれやれという気分が局周辺の街を包む。しかし、これは平和の予兆ではなく、その真逆だった。

まさにその十月三十一日深夜、オウムの施設内にいる子供たちを親と面会させろと求める坂本と、「入信した子供たちから親を訴えさせる」とする教団側の幹部上祐史浩《じょうゆうふみひろ》・早川紀代秀《はやかわきよひで》・青山吉伸《あおやまよしのぶ》（当時弁護士）は、坂本の所属する横浜法律事務所で対峙《たいじ》していたのだ。この会談は、当然のように決裂する。

「われわれには、信教の自由がある。それを侵しているのはそちらのほうだ」

「個人を不幸にする自由など許されない。未成年の信者を家に戻さないなら、法的手段をとる」

彼らが事務所を辞するときの激しい応酬は、坂本と教団との間に交わされた最後の言葉となる。

その三日後、正確には十一月四日未明、教団幹部五人は坂本の自宅を急襲、乳飲み子の龍彦君まで含め家族三人をその場で虐殺し、死体を信越の山奥に運んで埋めた。神隠しのように消えた弁護士一家のことは当初非公開とされた。私は公開の十日前偶然にこの事件の発生を知る。文化放送でのインタビューが事件に影響を与えたか？　自責の念に駆られると同時に、教団の撒《ま》くチラシや貼り紙で、坂本氏とともに教団の攻撃の対象となっていた文化放送のキャスター、スタッフ、自分、そしてその家族を守らなければならない立場にいることに胸がつぶれそうになった。

局の制作部長に会う。今あの放送に関係するある重大な事態が起きていること、そして、キャスターの梶原茂氏とその家族、オウムの抗議ビラに自宅住所が記載されていた女性プロデューサー等の身辺の安全の確保が急務であることを伝えた。一切事件の内容は告げられなかったが、当然相手は放送局。何が起きたのかを聞きたがった。

「サンデー毎日がやられたんですか。どこにも言いませんから、教えてください」

報道機関のこんな約束が守られる保証がないことだけは分かっていた。

「今は何も言えません。ただ、それとは違うことだけはお伝えしておきます」

事件発覚後神奈川県警がとった態度は、事件発生の経過を一切無視したものだった。

自宅の実況調査も直後にはまともに行われていない。最初に現場に臨んだ警察官は、オウム信者の付けているバッジが落ちていたことすら見落としている。血痕《けっこん》二十数か所、指紋十数個の発見も翌年になってのことだ。

坂本一家が消えたことが分かったあと、事件現場を細密に調査、一見普段と変わっていないようにみえる部屋に格闘の跡があることを発見した。この事件が「家出事件」ではなく「拉致《らち》事件」であると解明したのは警察ではない。同僚弁護士たちだった。

「坂本は、元過激派。ウチゲバ事件に巻き込まれた」「サラ金に追われて夜逃げの可能性がある」「拉致事件だなんて書くと、あとで大恥かくよ」

県警幹部からは県警担当記者連中に、何の根拠もないこんなリークが続いた。その一部は実際に活字になった。

事件から数年後のことだ。私の旧知の検察官が横浜地検刑事部長として配属された。彼は、神奈川県警が持つ捜査記録を取り寄せ、そのすべてに目を通した上で、「中華街で会おうや」と電話をくれた。久しぶりに会った彼の済まなそうな一言。

「木村《きむら》君。なにしろ記録が薄いんだよ」

彼は、右手をかざして、人差し指と親指の間に二センチくらいの隙間をあけた。

この警察の背信が何をもたらすのかは、このときまだ誰も知らなかった。

第一章　犯罪の系譜

1. 13の犯罪

オウムの教祖は麻原彰晃《あさはらしょうこう》、本名松本智津夫《まつもとちづお》である。麻原の首謀によりオウムによって引き起こされた犯罪は、一九八九年二月から九五年三月までの間十三事件におよび、二十九人の死者と約六千五百人の負傷者を出している。事件が起こされた順にみていこう。

1　田口事件（八九年二月上旬）　教団から脱会しようとした信者を殺害した事件

2　**坂本弁護士一家殺害事件**（八九年十一月四日）　教団による被害を訴えるオウム真理教被害者の会を支援していた弁護士とその妻子を殺害した事件

3　サリンプラント事件（九三年十一月ごろから九四年十二月下旬ごろ）　教団の武装化の一環として、毒ガス兵器サリンを製造するプラントでサリンを製造しようとした事件

4　落田事件（九四年一月三十日）　教団から脱走した後、友人を教団から救出しようとした信者があったところ、その信者を殺害し、その死体を焼却した事件

5　滝本《たきもと》サリン事件（九四年五月九日）　教団を相手に民事裁判を行っていた弁護士にサリンを吸入させようとしたなどの事件

6 **松本《まつもと》サリン事件**（九四年六月二十七日）松本市内でサリンを発生させ、最終的に住民死者八人、負傷者約六百六十人を出した事件

7 小銃製造事件（九四年六月下旬ごろから九五年三月二十一日ごろまで）自動小銃約千丁、小銃一丁を製造した事件

8 冨田《とみた》事件（九四年七月十日ごろ）スパイと疑って信者に拷問を加え、その信者を口封じのため殺害し、死体を焼却した事件

9 水野《みずの》事件（九四年十二月二日）教団から資産を取り戻そうと民事訴訟を起こした脱会信者がいた。ある人物がこの脱会信者を支援しているものと考え、その人物に、殺傷能力の極めて高いVX液をかけ、殺そうとした事件

10 濵口《はまぐち》事件（九四年十二月十二日）教団と対立する行為を行ったと疑われた信者と関係がある不審人物とみて、その人物にVX液をかけ、殺害した事件

11 永岡《ながおか》事件（九五年一月四日）オウム真理教被害者の会の代表者にVX液をかけ、殺害しようとした事件

12 仮谷《かりや》事件（九五年二月二十八日）教団に財産をとられるとして身を隠した女性の兄を、拉致監禁した上、麻酔薬を大量に投与して死亡させ、死体を焼却した事件

13 **地下鉄サリン事件**（九五年三月二十日）地下鉄の三線五車両内でサリンを発散させ、最終的に乗客・乗員十四人を殺害し、六千五百人近くに傷害を負わせた事件

このうち、2の事件、6の事件、13の事件を合わせて、オウム真理教三大事件と呼ばれている。それだけ、社会に与えた衝撃が強かったからだ。ここでは、この三大事件を中心に、オウム真理教による犯罪の大きな流れをつかんでいきたい。

2. 前史

七九年松本知子《ともこ》（後のオウム幹部）と結婚した麻原は、四女二男を儲《もう》ける。視力障害のあった麻原は、当時鍼灸師《しんきゅうし》として生計を立てていた。その後薬局開設の許可は得るが、偽の薬を販売したかどで罰金二十万円に処せられている。

麻原は八二年から都内でヨガ教室を開いて指導に当たり、八四年ごろ「オウム神仙の会」を発足させる。八七年には自らを「最終解脱者、グルである」として、団体名を「オウム真理教」に変更した。

八八年六月、麻原は、自らを日本国の「王」とする国に変革し、議会主義を廃止してオウム真理教による政祭一致専制国家を樹立するという「日本シャンバラ化計画」を公表する。

「シャンバラ」とは、サンスクリット語で「幸福の維持」を意味し、仏教での理想郷を指した言葉である。シャンバラ化された日本こそ、麻原の目指した理想郷なのだ。

3. 坂本弁護士一家殺害事件

八九年十一月六日。横浜市磯子《いそご》区洋光台《ようこうだい》に住んでいた坂本堤弁護士と妻都子さん、長男龍彦君（一歳）の姿がないことが発覚、近くの住人の話から、四日からいないと判明する。七日堤弁護士の母坂本さちよさんと同僚の弁護士は、磯子署に、この事件が拉致事件であること、オウム真理教が最も疑わしいことなどを説明し、捜索願を提出する。

しかし、磯子署はこの事件を家出事件として取り扱い、すぐには県警に事件発生の報告すらしなかった。現場にはオウム真理教の信者が付ける「プルシャ」と呼ばれるバッジが落ちていたこと、鏡台が動いたことによる襖《ふすま》のへこみや敷居のささくれ、壁の瑕《きず》などなど、オウムの関係者によって、現場で一家に危害が加えられた、と強い疑いを持って当たるべき十分な根拠があった。

にもかかわらず、十八日県警に設置されたのは「横浜市磯子区弁護士一家失踪《しっそう》事件捜査本部」だった。なお翌年に行われた実況見分によって寝室の襖、畳などに二十数か所の血痕が発見されている。

六年後の九五年九月、実行犯の一人、岡崎一明《おかざきかずあき》が自供したことにより、坂本一家三人の遺体が信越の山から発見された。この事件については、麻原首謀のもと、五名のオウム幹部が一家を坂本宅において殺害したことが確定している。

八九年半ば、教団の勢力拡大を目論《もくろ》んだ麻原は、九〇年に予定されていた衆議院選挙に教団幹部とともに立候補することを決めていた。そのため、八九年八月には麻原が代表する真理党を政治団体とし、その設立届を選挙管理委員会に提出している。シャンバラ化計画では、議会制度の廃止を打ち出しながら、選挙に立候補するというのは噴飯物だが、議会に進出することが、シャンバラ化計画を実現する第一歩と位置づけていたものだろう。

麻原は教団の知名度を上げるために選挙に出るということを考えていただけではなく、実際に多数の当選者が出ると思っていた。

そこに、その年の十月、サンデー毎日による教団批判の連載が始まる。ここで取り上げられたものの一つが血のイニシエーション。百万円の布施を払って、教祖の生血を飲めば高いレベルに達することができるという非現実的修行だ。しかし教団はこの非現実を科学の名で繕おうとする。

京大医学部が麻原の血を検査したところ、DNAに秘密があり、体内に取り入れると霊的エネルギーが上昇することが分かった。そう教団が発行する雑誌に掲載したのだ。その真赤な嘘はサンデー毎日の京大医学部への取材ですぐに分かり、これが報道される。

それればかりではない。出家と称して子供を教団に隔離され、その子供たちを取り戻そうとする親たちの相談にのっている弁護士の存在が浮かび上がった。

これが坂本堤弁護士だ。彼の支援で信者の親たちがオウム真理教被害者の会を立ち上げ、十一月一日ごろオウムに対する公開質問状を出す。質問の内容は、空中浮揚を公開の場で実演することを求めたりするものだった。

麻原はサンデー毎日に教団批判の情報を流しているのは、被害者の会の実質的なリーダーである坂本弁護士だと考える。坂本弁護士こそ教団の主敵。彼の活動をこのまま放っておくなら本気で勝とうとしている次期衆議院選挙に敗れることになりかねない。麻原はここで、坂本弁護士殺害の決意を固めた。

麻原は、五人の教団幹部に指示し、その年の十一月四日未明、坂本弁護士の自宅で、坂本弁護士とその妻子をもろとも殺害した(麻原はこれらの事実を九五年十月十日の検察官面前調書でほぼ認めていたが、公判では他の事件とともにすべて否認している)。

4. 教団の武装化

九〇年二月に施行された衆議院選挙には、真理党から麻原を含む二十五名が立候補した。当然のことながら、真理党はわずかな票数しか取れずに終わる。当時の東京四区(渋谷《しぶや》区、中野《なかの》区、杉並《すぎなみ》区)から立った麻原は、自分は五～六万票を獲得して当選すると信じていたようだが、実際には五人区当選区で千七百八十三票にとどまり十三位で落選する大惨敗だった。

麻原の予言が外れたことを意味する。麻原はこの結果に深く失望した。

麻原は高弟二十数名を集め、「合法的手段でいこうと思ったが、その結果合法的手段では救済ができないことが分かった。これからは非合法の手段で救済の計画を進める」と話をする。ここで救済というのは、シャンバラ化計画にあるように、日本を支配して自ら王となることを意味すると同時に、生きながら悪行をつむ現代人を大量に殺戮《さつりく》することも意味している。

なお、麻原はそれまで、自己保身のためすでに信者や坂本弁護士一家の殺害事件を起こしていたのだから、目的のために殺人という手段をも辞さない、という志向はもともとあったといえるだろう。しかしここでは、無差別大量殺人へとその意図が変更されていったことが重要だ。

ここから、教団の武装化が進むこととなる。生物兵器から核兵器まで、思いつく限りの兵器の開発が計画される。そして実用化にまでたどり着いたのが、いずれも猛毒兵器。ボツリヌス菌、VX液、ホスゲンガス、ソマン、タブン、マスタードガス、そしてサリンだった。

サリンは常温では液体だが、揮発性が高く、気化すると人の体表や呼吸器から体内に吸収され、呼吸中枢が麻痺《まひ》、死に至る猛毒ガスだ。一立方メートル中にサリンが〇・一グラム存在する場合でも、一分間被曝《ひばく》すればその半数が死ぬとされる。

教団が少量のサリンの生成に成功したのが九三年。少量といってもその毒性は極めて高い。オウムの最高幹部村井《むらい》秀夫《ひでお》は麻原に七トンのサリンを造れば、山手《やまのて》線内を壊滅できると告げる。しかし麻原は、さらに多量の七十トンのサリンを造れるサリン工場を建設するよう教団幹部に指示した。そして実際に七十トンを製造するのに足りる原料を入手した。サリンの製造量は次第に増えていった。麻原は、それを上空から散布するためにヘリコプターを調達する計画を立て、しかもラジコンヘリコプターによる空中散布も考えていた。

サリンは無差別大量殺戮を目指す教団武装化の象徴的兵器だった。そして、麻原が化学兵器による国家転覆を目的としていたこともここで明らかになる。

5. 松本サリン事件

九四年六月二十七日午後十時四十分ごろから、松本市北深志《きたふかし》の住民から消防署に、家の中が暗く見える、目が痛む、胸が苦しい、涙や鼻水よだれが止まらない、激しい頭痛がする、吐き気がする、家族が失神し痙攣《けいれん》を繰り返している、といった通報が入る。被害者中四十九人は市内の五つの病院に搬送され、最終的には死者八人、重軽症者約六百六十人を出す大惨事となった。七月三日原因物質はサリンと発表される。

その後事件はオウム真理教の犯行によるものと確定している。一般市民に対して化学兵器が無差別に使用された史上初のテロ事件である。その後麻原の指示に基づき教団幹部七名が実行したものと確定している。

もちろんこの犯行には、サリンプラントで製造したサリン三十キログラムのうち十二キログラムが使用されている。

松本サリン事件の初動捜査に大きな誤りがあったこと、そのことと結びついてどのような冤罪《えんざい》と報道被害が生じたか、についてはこの事件の被害者である河野《こうの》義行《よしゆき》氏の証言で語られる。サリン噴霧がどのような背景のもとで、どのような目的でなされたかについては、「断章一　もう一つのサリン事件」の中、二百二十頁以下で明らかにする。

6. 地下鉄サリン事件について

九五年三月二十日午前八時ごろ、東京都内の営団地下鉄、丸《まる》ノ内《うち》線、日比谷《ひびや》線各二方面、千代田《ちよだ》線一方面計三路線五方面で、乗客多数から、周囲が暗く見える、胸が苦しい、目がちかちかする、涙やよだれが止まらない、乗客などが失神して痙攣している、路上や地下鉄施設内に倒れて動けない、などの訴えが駅務員、消防、警察などの機関に届いた。被害者は聖路加国際病院、虎《とら》の門《もん》病院、済生会中央病院、日本医科大学付属病院など計二百七十八の医療機関で受診されたが、最終的に、十四人の死者、六千五百人近くの重軽症者を出す未曽有《みぞう》の大惨事となった。原因物質は同日十一時にサリンと発表された。大都市で一般市民に対して化学兵器が使用された史上初のテロ事件である。その後、麻原の指示のもとに教団幹部十五名が実行したものと確定している。

この事件の直接のきっかけは、十六頁の12の事件。「仮谷さん事件」と呼ばれているものだ。その事件では、目黒《めぐろ》公証役場で事務長をつとめていた仮谷清志《きよし》さんが被害者となる。オウムに入信した妹が、すでに四千万円を教団に布施していた。しかし、教団は妹が亡夫から相続した土地建物に目をつけ、しきりに妹に、出家して全財産を教団に布施するよう迫った。妹は思い悩んだ末、教団に出家することをやめると通知すると、姿を隠した。

この妹の行動の背後に仮谷さんがいて、仮谷さんは妹の居所を知っているはずと考えた麻原は、仮谷さんを拉致《らち》監禁し、麻酔薬を投与して半覚醒《かくせい》状態にさせ、事実を述べさせるよう教団幹部たちに指示した。教団幹部はこの指示に従い、仮谷さんを拉致監禁の上全身麻酔薬を投与したが、九五年三月一日その副作用で仮谷さんを死亡させてしまった。

（この事件に、拉致のための運転役として関与していたのが平田信《ひらたまこと》。彼は事件後十七年に及ぶ逃亡生活の末二〇一一年十二月丸の内署に出頭して逮捕され、一三年三月七日に懲役九年の実刑判決を受け、一六年一月に確定し服役し、二二年に出所。オウムの誤りは認めている）

事件の経過が示すように、この事件は資産目当ての麻原の物欲によって起こされたものといってよい。

しかし、この犯行は、凶暴であると同時に、極めてずさんなものだった。

警察は拉致される瞬間を複数の民間人が目撃していたことを受けて捜査を開始、拉致に使用されたレンタカーの書類からオウム信者の松本剛《まつもとたけし》の指紋が採取され、さらにレンタカーから松本剛の指紋と被害者の指紋と血痕《けっこん》が確認された。ここで、警察はオウム真理教が凶悪事件に関与していたことを初めて確定的に認識することになる。

このことは、朝日新聞をはじめマスメディアの報道するところとなり、教団施設に対する強制捜査は必至の事態となった。地下鉄サリン事件は、この強制捜査を回避するために起こされた事件である。

地下鉄サリン事件が、国家の転覆という、彼らなりの「聖」なるものを目的としたものではないこと、麻原の物欲の果てに麻原が指示して起こした仮谷事件の捜査を攪乱《かくらん》するためのものだったこと、そうであるからこそ、そのターゲットが警視庁のある霞ケ関《かすみがせき》であったこと、これらのことは改めて銘記されてよいだろう。国家転覆はまだその先にあったのである。

7. 次世代へ

本編では、地下鉄サリン事件を中心として、オウム真理教事件に関わった様々な人々の証言を通じ、事件を立体的にとらえていただくように工夫した。事件に関わった人々の悲しみ、想いを共有していただきたいと思う。同時にこの事件が、いつ自分の身に降りかかってきてもおかしくなかったものであることを再確認していただきたい。

筆者は、なぜこの事件が起きてしまったのか、事件の予防のために障害となったものは何だったのか、被害が人々の身体と心に何を残したのか、被害者の被害回復や被害者のケアがどのようになされたかを中心に、この事件に関わる三十二人の証言をつづり、これに私の目から見たこの事件についての三つの断章を加えた。なお、証言者についてては、九五年三月二十日のできごとである地下鉄サリン事件について、できる限り冒頭でその記憶をたどっていただいた。そのことを通じて、事件を次世代に伝え、風化をさせないことに役立てたいと考えたからだ。まず証人たちの言葉に耳をかたむけてほしい。

第二章　出動・救急

救出1

一九九五年三月二十日八時ごろ、営団地下鉄（現東京メトロ）の多数の車両で、同時多発的に有毒ガスが発生し、乗客乗員多数が卒倒するなど大規模災害が発生した。東京消防庁は、「爆発火災」「異臭」など情報が混乱する中、営団地下鉄の十五駅を中心に、延べ三百四十隊、千三百六十四人を出動させ、傷病者の救出・救護に当たり、救護した被災者六百九十二人のうち六百八十八人を医療機関に搬送した。警察と協力しての懸命の救出活動だった。後に有毒ガスはサリンと特定される。しかし、東京消防庁の当時のガス分析装置には、サリンを特定する装置はない。無防備で現場に飛び込んだ隊員は、二次被害を免れなかった。記録された限りでも、消防職員百三十五人が被災し、うち中毒症が四十三人、軽症が九十二人だった。

（河波義彦《かわなみよしひこ》〈仮名〉・消防官・地下鉄サリン事件当時二十三歳の証言）

――地下鉄サリン事件の現場に出動されましたね。

当時私は、東京消防庁A署に救急隊の機関員として配属されていました。私の主な任務は救急車の運転になります。消防署での消防官の勤務は二十四時間連続勤務。三チームによる交代で一年三百六十五日をこなしていきます。

その日は、朝の八時半からの勤務でしたが、八時には署に来ていました。署内拡声といいまして、消防署内にはどの部署にいても、例えばトイレにいても、必要な指令が流れる仕組みになっています。八時を十分ほど過ぎたときから、都心のほうで多数の傷病者が出ているという署内拡声が何度か入り始めました。

勤務につき直ちに前任者からの引継ぎを終えると、早速A4大の「指令書」が通信勤務員から渡されました。これには、「千代田区霞が関……」と番地が書いてありました。署内拡声は「千代田線霞ヶ関駅」と告げています。A署の所管する方面内ではありませんが、東京二十三区内の一一九番通報を束ねている災害救急情報センターからの指令があれば、方面外にも飛んで行きます。「センター」は千代田区大手町《おおてまち》に設置されています。現場への出場、出動することをこういいますが、出場は、隊長とB隊員、そして私の三名で向かいました。

私は機関員になって二年目でしたので、地理のよく分からない都心に行くのは不安一杯でした。隊長の「本庁のほうを目指せ」という気合の乗った言葉と、消防活動用の地図帳が頼りでした。カーナビなど全く無縁の時代です。赤色灯を回しサイレンを鳴らしながら、無線を聞いていると、本郷三丁目《ほんごうさんちょうめ》や中野坂上《なかのさかうえ》などでの災害情報が連続して入ってきます。傷病者多数。どうして東京の多地域で災害が発生しているのか、不思議な思いに駆られました。霞ケ関もその一つに違いありません。

――現場に着かれてどうされましたか。

現場付近に到着したのは九時過ぎだったと記憶しています。地下鉄の出入り口や歩道上には、ざっと見ても数十人の人が倒れています。足を投げ出し鼻のあたりにハンカチを押し当てて座り込んでいる人、目の上にハンカチを載せて横たわっている人。そこに私たちの救急車が止まったのです。会社員風の六人が一斉に救助用の後部席に乗り込んできました。口々に「病院に連れていってください」と求めます。当然のことです。しかし、このときの隊長の判断は「重症者優先」ということでした。構内に意識不明の重症者がいるという情報が無線にあったからです。

隊長とB隊員は車両からストレッチャーを降ろし早速現場に向かいます。後部席にいる人たちを説得する役は私に振られました。「重症者が構内におりますので、降りてください」そう言いましたが、私の目から見て軽症とはいえ被災者の方は必死です。「目が痛い」「のどが痛い」と訴えてきます。それでも、被害を主張できる人より、症状が重くその主張すらできない人を優先するというのが、隊長の方針でした。私は「皆さんには次の救急車が来ます。別の隊を呼んでますから」と言って、かなり強引に六人を降ろしました。その一人は女性でした。つらい仕事でした。

災害救助などのときに、選別という意味のある「トリアージ」という方法で、重症の人や緊急性のある人を優先して救助するということが今では常識となっています。でもその当時はそのようなマニュアルはなかったと思います。私たちのしたことは、マニュアルによることでなく、混乱の中で知恵を出し合って行き着いた現場の判断によるものでした。

——重症者もいたんですね。

はい。駅構内に入り駅事務室に向かうと、先着した部隊が駅事務室のほうから担架に乗せて人を運んでくるのが見えました。隊長とB隊員はこの人を踊り場のあたりでストレッチャーに乗せました。

鶯色《うぐいすいろ》の制服から地下鉄の職員と分かりました。千代田線の職員ということでした。口から血の混じった泡がブクブクと出ています。制服を脱がせ、顔を覗《のぞ》き込むと目の瞳孔《どうこう》が二ミリに縮まっていました。

心肺停止状態ではありませんでしたが、隊長の「分かりますかー！」との声掛けにも、ぐったりとした様子で、はっきりした反応はありませんでした。意識障害があるという前提で急いで救急車に搬入しました。

運転席に戻ったときには「一体何が起こってるんだ」という問いで頭が一杯でした。

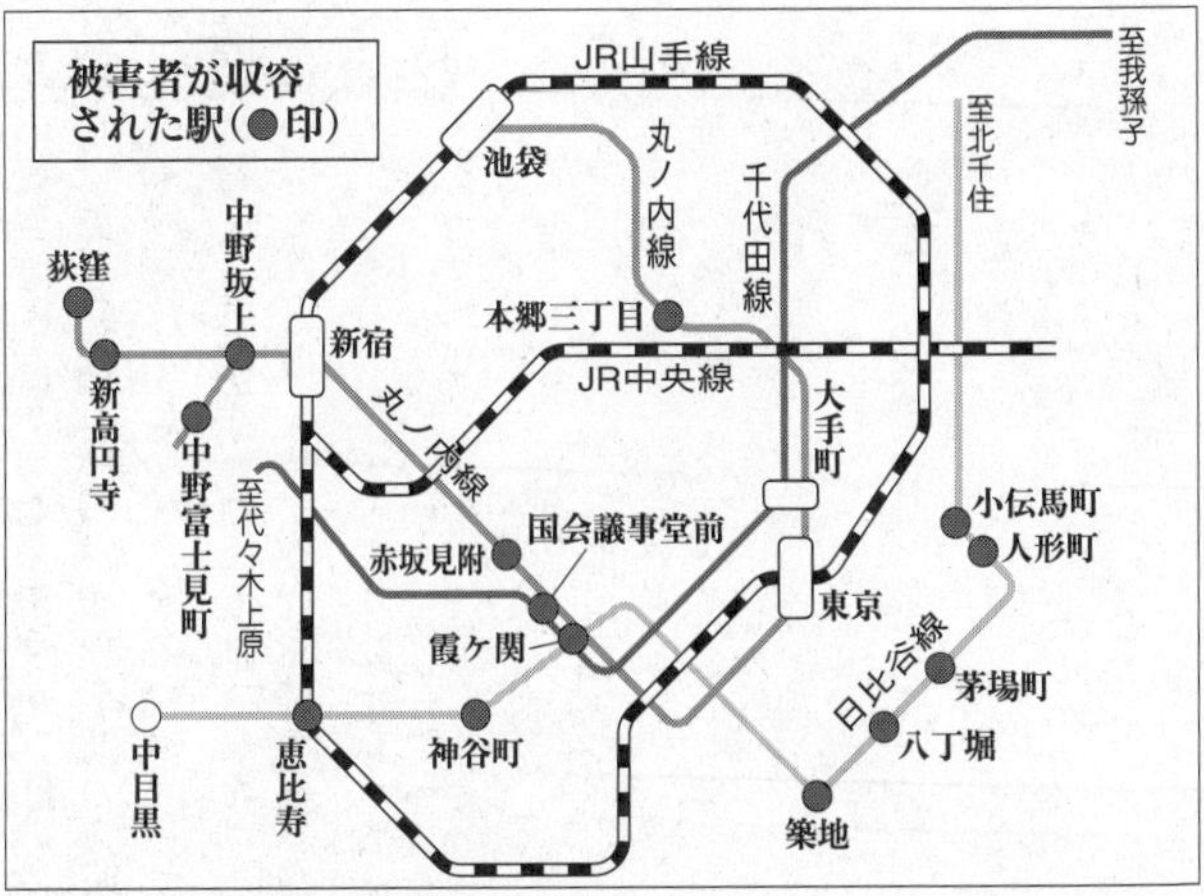

しかし、まず考えなければならないことは、どの病院に向かうかです。隊長は「芝《しば》の慈恵医大病院ではどうだ」と言いました。早速無線で本庁の了解をとり、慈恵医大病院に向かうことになりました。ラジオをつけると、NHKで、「ナチスドイツが開発した毒ガス兵器サリン……、ベトナム戦争でも使われた……」などという解説がなされていました。このとき初めて、これはテロか、という考えが頭をかすめました。

病院に向け出発しようとしたとき、現場署の指揮隊員が車の前に立ちふさがり「A署さん、収容したらもう一度戻って！」と叫びました。応援を求められたのです。被災者を収容したあと、私たちはもう一度同じ現場に戻り軽症者三名を収容して慈恵医大に搬送しました。

——二次被害にあわれたのですね。

その後A署に向かったのですが、顔の皮膚がピリピリして熱があるような妙な感じでした。隊長もB隊員も頭の痛みや顔の火照りを訴えていました。

昼ごろ帰署しましたが、庁舎には入れてもらえず、制服をすべて脱がされ、着替えて病院に行くよう指示されました。私たちの二次被曝《ひばく》は幸い軽症ではありましたが、サリンについてはどのような後遺症があるのかはっきりしていません。結婚するときや妻が妊娠したときに、被曝したことを伝えたものかずいぶん悩んだものです。

救出2

午前九時、警察庁に刑事局警備局合同の「都内地下鉄における毒ガス発生事案対策室」、警視庁築地《つきじ》警察署にも刑事部長を長とする捜査本部が設置された。警視庁は爆発、火災、異臭などの情報が飛びから中、レスキュー隊を含む機動隊など一万一千人を動員。必死で被害者の救出と目撃者の確保など情報収集に当たった。犯行に使用された毒物については、地下鉄電車内に遺留されたポリ袋入り液体を押収し、ガスクロマトグラフ質量分析検査を行った。その結果サリンであると判明し、午前十一時ごろ警視庁捜査一課長がこれを公表した。

(田辺《たなべ》和利《かずとし》・警察官・地下鉄サリン事件当時四十一歳の証言)

——勤務はどこでしたか。

葛西《かさい》署から丸の内署に転勤になったのは、九五年二月でした。刑事部捜査係の担務は変わりません。捜査係の担務は、いわゆる知能犯、経済犯。東京地検特捜部とゆかりの深い部署です。

三月二十日は宿直明けでした。宿直はほぼ六日に一回まわってくる特別な勤務の日です。この日ばかりは、通常の担務を超えて、午前八時半から二十四時間以内に発生した管内の事件について担務することになります。また、その間に発生した事案については、継続して担務することになります。

――事件の発生の連絡が入ったあとどうしましたか。

その日、宿直が明ける直前になって「地下鉄霞ヶ関駅で爆発事件が発生。負傷者が出ている模様」との署内一斉放送がありました。緊張が走りました。この放送では、起きている事件の内容は定かではありません。こういう場合の私たちの役目は、まず少しでも早く現場に駆けつけることなんです。

事件の内容が事前に正確に把握できているなんていうことは、多いことではありません。私たちのほうで渦中に飛び込んで、初めて事件の骨格が分かってくることのほうが多いんです。まず、現場に行かないことには話になりません。ある者はパトカー、ある者は捜査用車両、ある者は自転車で、第一陣として現場に飛び出していきました。

私は宿直の結果報告に課長決裁をもらってから、第二陣として鑑識係長と一緒に現場に向かうことになりました。乗り物は出払っていましたので、私たちは走って現場へ行くしかありません。もっとも、丸の内署から現場まではさほど離れてはいませんから、そう時間はかかりませんが。

現場に向かうとき、係長からカメラ用のジュラルミン製ショルダーボックスを預かって担いでいました。このことが後に、この事件と私を強くつなぐことになります。「爆発」の現場は日比谷線霞ヶ関駅と言われていましたのでそちらに行くと、出口付近の路上にうずくまっている人が大勢いて、救急車に搬送されていくところでした。

――現場はどうなっていましたか。現場を調べたのですか。

大変な事件が起きていることははっきりしていましたが、その詳細は一向に分かりません。そのまま私たちは日比谷線の駅構内、ホームまで降りていきました。

すると、電車が停止しています。先頭車両内に入るといろんな物が散らかっていて、吐瀉物《としゃ》も見受けられました。

そのとき、先頭部の出入り口すぐそばの椅子の真下に、枕のようなものを見かけたんです。枕のようなものは、新聞紙にくるまれたポリ袋で、そこから無色の液体が流れ出ていました。雨の日に畳んだ傘から水が流れるような感じです。その液体が床に薄く広がっていました。

何が乗客の症状に影響を与えたものか分からなかったわけですが、その場の感覚から、一番の原因はこれだろうということで、係長と一緒に実況見分を開始しました。係長は写真撮影です。その当時のことですので、ポラロイドカメラを使っていました。写真は実況見分報告書に添付するためのものです。私は図面を作成する必要がありましたので、液体が流れている範囲や形状をメジャーで大まかに測りました。

――調査中にどんなことが起こりましたか。

私がそうやって測っていると、私の後ろで「うおおぉ!」という呻《うめ》き声が聞こえました。係長の声です。何が起こったのだろうと後ろを振り返ると、係長は声を上げながらバーッと停止中の車両の最後尾のほうに走っていき、ホームの横壁に向かって倒れ込みました。

私は何が起こったのかと思って、係長のところに駆け寄りました。言葉をかけても返事はなく、係長は口から白い泡を吹いていました。唇の周りに泡の輪ができていました。ビールを急いで注いだときにできるような泡です。

地上に待機していた警察官と救急隊に連絡して係長を運んでもらいました。しばらくすると、毒ガス用の防護服をつけた一隊が降りてきました。科捜研なのか、自衛隊なのか、そのどちらかだったのでしょう。彼らは液体の入ったポリ袋を採取して、それを証拠採取用に用意した袋に包んで、私に「ハイ」と渡しました。こちらは毒ガス用の装備はしていません。でも、事件に関する証拠を保管し証拠として役立て、事件を事件として立件する権限は、管轄署にありますので、これは当たり前のことだと考えていました。

――不審な液体はどう処理されたのですか。その結果どんなことが起こりましたか。

採取した液体を外に曝《さら》しておくのはよくないと感じましたので、係長から預かった防《ぼう》塵《じん》マスクをして、例のジュラルミン製ボックスに入れました。しっかり蓋《ふた》をし、それを肩に担ぎ、署からの指示を待っていたのです。もちろん、液体が猛毒サリンであることに気づいていれば別の対処をしたに違いありません。

そのうちにホームにはマスコミ関係者も降りてきました。マスコミのカメラはしきりに私の左手に握られているフィルムケースをとらえ、私の右肩のボックスには向けられませんでした。

そうして待機しているうちに、身体がだるくなり涙や鼻水が止まらなくなってきました。同時に異様な息苦しさを強く感じました。ホームに降りて一時間が経過したころには失禁しているのが自分で分かりました。今にして思えば典型的なサリン中毒の症状なのですが、そのときは何が原因なのか全く分かりませんでした。

ともかく、ボックスを同僚に託し、現況を報告するため丸の内署に向かいました。署では皆目が真っ赤になっていました。

報告後にタクシーで警察病院に向かい、一週間の入院と絶対安静を宣告されました。これには驚きました。「うわ、俺そんなに悪いのか」という思いと、警察官でありながら被害者になってしまったことへの負い目とが、自分に覆いかぶさってきたのです。

災害派遣出動

警察庁から自衛隊に連絡が入ったのは午前八時五十分。約二十分後自衛隊は関東圏の化学科部隊を市ヶ谷《いちがや》駐屯地に待機させた。しかし、自衛隊が災害派遣出動をするには都道府県知事の要請が必要である。原因物質がサリンと発表されたのは十一時ごろ、都知事より出動の要請があったのは午後十二時五十分。千葉県知事から出動要請があったのは午後五時だった。出動要請は遅すぎなかっただろうか。

(音地《おんじ》龍夫《たつお》・元陸上自衛官・地下鉄サリン事件当時四十三歳の証言)

——当時自衛隊ではどのようなお立場でしたか。

私は二等陸佐でした。当時、六本木《ろっぽんぎ》に所在した防衛庁で、陸上幕僚監部装備部武器化学課化学室というところに勤務していました。短く言うと、陸幕化学室です。ここは陸上自衛隊の全国の化学科職種全体を統括する部署です。私はそこの運営担当で、総括班長的な役目、分かりやすくいえば司令塔としての役割を持たされていました。

──地下鉄サリン事件に遭遇したときのお話を聞かせてください。

実は、一九九五年三月二十日には、オウムの拠点施設に強制捜査が入ると予定されていました。実際二十日に強制捜査が入るのであれば、私は十九日から泊まり込みになるはずでした。

ところが、前例のない大規模でしかも特殊な捜査でしたので、警察サイドの体制を作り上げるのに時間がかかってしまい、二日間延期することとなりました。

そこで二十日、私はほぼ普通どおりの出勤になりました。千葉の船橋《ふなばし》から総武《そうぶ》線で東京駅、そこから丸ノ内線で霞ケ関、そこで日比谷線に乗り換えて六本木までという通勤経路です。霞ケ関までは何事もなかったんですが、八時半ごろ日比谷線に乗り換えようとしたところ、電車が来ないんです。車両故障というアナウンスがあったように思います。

日比谷線を諦《あきら》めて千代田線に乗り換えて乃木坂《のぎざか》で降りました。そこから歩いて防衛庁の職場に入りました。そこで初めて室内がやけに暗いのに気づいたんです。電気が消えているのかと思ったくらいです。

そのとき、テレビのニュースで地下鉄が大騒ぎになっていることが分かりました。たくさんの人が路面に倒れたり、運び出されたりしていました。サリンガスによるものらしいというのです。

このとき、自分もサリンにやられたと分かりました。サリン中毒になると瞳孔《どうこう》が収縮してあたりが暗く見える。これは、私にとっては常識的な専門知識だったからです。本来なら、司令塔としてこの事件に対処しなければならない立場の私が化学兵器に被曝《ひばく》してしまったのは、何とも悔しいことでした。

昼近くになって、毒ガスは「サリン」の可能性が高いと発表されました。

自分と同じように、通勤途上でサリン被害にあった職員がいるだろうと思い、医務室に行く前に、庁内各所を回りました。そこで、サリン中毒の特徴である瞳孔の収縮や吐き気、鼻水等の典型的症状を伝え、このような症状の職員がいたら直ちに医務室に向かうように指示して、自分も医務室に急ぎました。

——職場にはすぐ復帰されたのですね。

私は防衛庁の医務室から自衛隊中央病院に搬送されましたが、入院は一日だけで済みました。私の場合には地下鉄の駅で微量のサリンを含んだ空気を吸っただけだったからでしょうか、アトロピン注射、点滴など中央病院の適切な医療処置の結果、翌日には回復の基準となるコリンエステラーゼ（肝臓で作られる神経伝達物質）という酵素の値も平常に戻りました。夕方には退院しています。

退院してすぐに職場に復帰しました。私がいない間は、陸幕の他の部署から化学科職種の幹部が応援に来て、他の業務を中断してまで事件の対応に当たってくれました。

この間、二十日午後、地下鉄サリンの現場には東部方面隊隷下の第一師団に所属する第三二普通科連隊約二百名、第一師団化学防護小隊約二十名と、同隊連隊長指揮下に加えられた群馬県に本部がある第一二師団化学防護小隊約二十名、同じく防衛庁長官の直轄部隊で大宮《おおみや》に本部を置く第一〇一化学防護隊約百名とともに災害出動しています。なお、第一〇一化学防護隊がこれほど大規模に出動したということは、前例のないことだと思います。出動の目的はサリンで汚染した車両等の除染作業でした。

――復帰されてからの勤務はどのようでしたか。

復帰してから一週間くらいは不眠不休に近い状態が続きました。

まず第一には、三月二十二日に予定されているオウムの上九一色《かみくいしき》村（214頁以下参照）の施設への強制捜査について支援要請にこたえなければなりませんでした。このためには、警察、消防、海上保安庁などとの連携のための折衝が必要でした。海上保安庁については意外に思われるかもしれませんが、海上でのオウム捜査の可能性も視野に入れていたのです。

それと、今後もサリンなどによる化学兵器での攻撃の可能性が考えられましたので、各機関にフード付きの防護マスクや防護服をいきわたらせなければなりません。防護マスクとフードで顔と頭全面を覆います。防護マスクは活性炭が充塡《じゅうてん》された吸収缶で毒ガスを除去し呼吸をします。防護服と同じ素材で作られたフードは頭部・首等の露出部分を防護します。防護服は通気性のある繊維状活性炭積層布で皮膚からの毒ガスを防護しています。防護マスクや防護服の取り扱いには専門的な知識が必要となるため、関係機関に貸し出すときには、自衛隊のほうで事前にしっかり取り扱い教育をしました。

また、サリンの除染のための薬剤を緊急に調達して、全国にくまなく配分することも必要でした。サリンの除染には、苛性《かせい》ソーダやさらし粉が使われます。

そればかりではありません。オウムの施設に強制捜査が入ったあとも、どこかでサリンが見つかったとか不審な瓶が放置されている、というような情報が入れば、これに機敏に対応しなければなりません。実際に、このような情報は多数ありました。高速道路のパーキングエリア、電車内、雑踏の中に、不審な段ボールやペットボトルがあるといったものです。中には、「サリン」と外に書かれたものもありました。悪質ないたずらです。それでも、一つひとつ検知器等で確認作業をしました。ペットボトルの中は、ただの「水」がほとんどでした。

私たちの職場に限らず、全国の化学科部隊にとって、これは実戦だったと思います。化学科というのは各部隊の中でも人数が限られています。交代要員もままならない中で、みな必死で頑張りました。この経験から、大規模災害時の警察、消防、自衛隊三者の連携は格段に良くなりましたし、その中で果たす化学科部隊の役割も明確になってきました。

地下鉄サリンは大変残念な事件でしたが、自衛隊としても大きな経験でした。事件から得られた教訓は、その後九九年に東海村《とうかい》でJCOが起こした放射能漏れ事故の対処にも反映されました。

なお、四年前の福島原発事故の対応で化学科部隊は全国から東北の地に集結して、非常に困難な状況の中で、今回も「目に見えない敵」放射線や放射性物質の検知・除染を先頭に立って行いました。

地下鉄サリン事件での経験は、自衛隊の血肉となって残っています。

救命

首都では関東大震災以来経験したことのない規模の被害者が搬送され、あるいは自力で医療機関に向かった。サリンというあるはずのない原因物質を前に、医師も重大な決断を迫られた。

（石松伸一《いしまつしんいち》・聖路加国際病院院長・地下鉄サリン事件当時三十五歳の証言）

――救急で診察を始められたときの様子をお話しください。

地下鉄サリン事件当時、私は聖路加国際病院の救急部に所属し、副医長を務めていました。事件当日は七時から救命救急センターに主任として勤務していました。

午前八時十六分。ホットラインと呼ばれる消防庁からの直通電話で、救急患者の受け入れ要請がありました。電話を取ったのは看護師でした。「地下鉄茅場町《かやばちょう》駅で爆発火災が発生した模様」との連絡です。重症患者の受け入れは可能と返事をしました。

最初の救急車が私の病院に到着したのは、八時四十分。普通であれば、救急車に患者を乗せた後に車内から患者の様子などを事前に伝えてくるものなのですが、それがありません。何かおかしいと感じました。送られてきたのは四十代の男性一人。「目が痛い。息が苦しい」と訴えます。爆発火災にしては火傷《やけど》も怪我もなく、これもおかしいと思いました。

救急隊員に「爆発ではないんですか」と聞くと、隊員は「駅のホームまで降りていないので、私も何が起きているか分かりません。駅の近くに人が倒れているので、乗せてきました」とだけ答えました。救急隊の隊員は患者を病院側に引き渡したとき、用紙に救急医のサインをもらって帰るものなのですが、その隊員はサインも求めずにあわてて戻っていきます。駅の周辺に多数の患者がいるのだろうと思いました。

最初の男性患者の意識はしっかりしていました。点滴と酸素吸入をしながら血液検査をしましたが、異常は見当たりませんでした。目の痛みや息苦しさの原因はつかめません。このときはまだ事故を起こした原因物質について何も分かっていなかったのですから、やむを得なかったと思います。

八時四十三分。二人目の患者が運ばれてきました。三十代の女性です。心肺停止状態でした。人工呼吸器をつけ、心臓マッサージなどの蘇生《そせい》法を試みましたが心拍が戻りません。外来で死亡と確認されました。ここで、私たちは、得体のしれない「敵」と戦っていることを思い知らされました。

消防署のマイクロバスで来る人、タクシーで来る人、パトカーで来る人、歩いてくる人。事故現場からいろいろなルートで救急に押し寄せてきました。その中にも一人、心肺停止状態の患者がいました。もはや、救急部の手だけでは対応しきれません。八時五十三分、全館放送でほかの部署の医師、看護師、その他のスタッフに救命救急センターへの応援を頼みました。この応援体制がとれるように、一般の外来受付を中止し、手術もすでに麻酔を施している患者を除き中止とされました。

テレビを見ると、地下鉄の各駅の様子が映っていて、都内の数か所で同様の事件が発生していることが分かってきました。

九時半ごろには、二百人ほどの患者が救急にあふれていました。診察室も、空いていた八十床のベッドも一杯となり、あふれた人は当院にある礼拝堂に入ってもらうようにしました。

礼拝堂には長い椅子がたくさんあります。患者さんたちはその上に寝そべることができますので、都合がよかったのです。ここに点滴台と毛布を持ち込むと、礼拝堂が広い病室に早変わりしました。

当日病室代わりに使われたのは、礼拝堂だけではありません。ホールもロビーも廊下も使えるところはすべて使われました。

――被害の原因物質が分からない中で、治療の方針を立てるのは大変だったでしょう。

そうです。私たちは多数の患者と向き合うことになりました。どういう治療をしたらよいのか、初めは見当がつきませんでしたが、患者の症状に共通するものが分かってき

と。
一つは縮瞳《しゅくどう》。瞳《ひとみ》が小さくなっていることです。二つ目はよだれや鼻水が止まらないこ
とでした。
　こうした症状は神経毒である有機リン系の農薬や殺虫剤などの中毒で出るものと同じ
です。そこで、血液検査をし、血液中のコリンエステラーゼの量を調べてみました。す
ると、やはり通常の量よりもはっきり減少していることが分かりました。これも、有機
リン系の中毒に共通してみられるものです。
　こうして検査結果を調査しているときに、応援に来ていた自衛隊中央病院の医師から
新しい情報が入りました。彼の持っていた本です。それは自衛隊衛生学校で使われてい
る化学兵器のテキストでした。彼に示された「サリン」のページには、サリンに被曝《ひばく》し
たときの症状もその治療法も詳細に書かれていました。第一に、サリンも有機リン系の
物質と同じく、コリンエステラーゼを減少させる働きがあることが分かりました。そし
て、サリン中毒症状には、パムという薬が効果的であることも書かれていました。パム
は有機リン系の中毒でも解毒剤として使われるものです。
　それを見ても私は簡単にサリンによるものと決めつけることはできない、と考えてい
ました。そんな化学兵器が地下鉄で撒《ま》かれることがありうるんだろうかという素朴な疑
問からです。しかし、十一時を過ぎて警視庁は記者会見を開き、担当官が「原因はサリ
ンと推測される」と話しました。同じころ、信州大学病院長であった柳澤信夫《やなぎさわのぶお》先生から

も電話が入り私が出ました。松本サリン事件の被害者の治療に当たった先生です。「地下鉄の騒ぎをテレビで知りましたが、松本サリンの患者と症状がよく似ています」との連絡でした。

――原因物質がサリンと分かってからもご苦労されたんですね。

私はパムの使用には慎重でなければならないと思っていました。確かにこのような場合パムが効くことは分かっていたのですが、同時に安易にパムを点滴で打った場合、かえって症状が悪くなる例があると知っていたからです。

地下鉄サリンの発生当日、当院の集中治療室には五人の被害者が入っていました。一人を除いて重い症状で、体中に筋肉痙攣《けいれん》が起きていました。

私はまずこの重症者に、サリン中毒の治療薬パムを点滴することを決断しました。重症者は集中治療室で酸素の補給を受けています。医療者の監視があるので症状が増悪しても対処できると考えたからです。パムの投与は成功し、重症者の痙攣が収まりました。これで私は、サリン被害者にパムが有効で、危険もないと確認することができました。

ここで、私の病院のパムの在庫を確認しました。二十本しかありませんでした。パムを投与するときには、二本を一時間で使い、さらに一本を一時間で使うことになっています。さらに追加する場合もあります。一人に最低でも三本必要なのです。急いで大量のパムを集める必要がありました。

薬剤部長が大手の薬問屋、名古屋《なごや》のスズケンに電話を入れました。東京中で大量のパムが必要だと援軍を頼んだのです。電話を受けたスズケンの担当者は、新幹線の沿線に当たる、浜松《はままつ》、静岡、横浜の各駅にパムを集めるように指示を出し、これを受け取り、私の病院まで届けてくれたということです。薬問屋スズケンさんの担当者による懸命の努力のおかげで、十七時ごろには二百三十人分のパムが確保されました。

これで、治療の体制はようやく確保されたことになります。

――一時に途方もない数の被曝者が来られたので、その対応は大変だったでしょうね。

当日の来院数は、六百四十人になりました。来院された方の来院手段については、うち五百二十三人の方について確認がとれています。これによりますと、徒歩百七十四人、タクシー百二十人、一般車六十七人、消防車六十四人、救急車三十五人、警察車両三十一人、その他三十二人となっています。

このサリン被害者への診療には、四百五十人を超える医師、看護師、技師を含むスタッフが全力で取り組みました。当日救命救急センターにいたのはもともと医師三人、看護師は四人しかいなかったのですから、まさに全病院あげての体制だったといえるでしょう。私どもの病院には、礼拝堂がありますが、ここも全部病室となりました。もちろん、他の病院からの応援も大いに助かりました。

――病院の医師や職員の方にも被害が出ましたね。

そうです。病院側に二次被害が生じてしまったことは残念なことです。サリンに被曝した患者の着衣、持ち物、皮膚にはサリンが付着しています。付着していたサリンは、ゆっくりと発散し始めます。これを吸引したために、サリンによる中毒症状が出た職員が百人余りいました。

症状としては、縮瞳のほか、頭痛、鼻水などです。中でも礼拝堂では最も多数の二次被害が出ました。窓のない環境であったことが原因と考えられます。

二次被害を避けるためには、除染が必要でした。それでも当時は病院で患者の衣服などを除染するという発想がそもそもありませんでした。

――治療の結果、被害者の方々は？

来院された方がその後どのようになったかということですが、お一人が来院当日外来でお亡くなりになったことはすでにお話ししたとおりです。もうお一人が集中治療室に入院後二十八日目に亡くなられました。集中治療室にはこの方のほか四人が入院しておられました。お一人は重症ではありませんでした。残る三人は一度心肺停止となりながら、パムの効果があって持ち直し、結局は軽快して退院されました。五百二十八人は軽症で当日帰宅され、一般病床に入院となった百七人も、軽快して退院されています。六百四十一人のうちお二人がお亡くなりになり、六百三十八人は「軽快して退院」という扱いです。

事件の翌年から、ジャーナリストの磯貝陽悟《いそがいようご》さんたちが中心になって被害者の支援団体を立ち上げ、松本サリンと地下鉄サリンの被害者の健康診断が実施されることを知りました。

聖路加国際病院から軽快として、帰宅、退院した人たちの中にも、多数の後遺症に悩む人がいるというのです。サリンの被害は短期間のものだと思っていた私は、これを聞いて唖然《あぜん》としました。

――退院後のケアにもご尽力されているんですね。

はい。この検診には、当初三百名近い被害者の方が来る予定だというのです。私も医師としてこの検診のお手伝いをしようと決めました。自分が救命救急センターの責任者であったのですから、これは自然なことと考えました。この健康診断の運動が後にNPO法人リカバリー・サポート・センター（略称R・S・C）となり、本格的な被害者支援が行われるようになったことについては、山城洋子《やましろようこ》さんがお話しになるでしょう。私の担当は、問診ですが、被害者の方から多彩な不具合の訴えがありました。その訴えについては、純粋に医学的にみた場合、どこまでがサリンによる後遺症なのかは判然としないところがあります。それでも私としては、サリンに被曝し、そのことによって不具合を訴えておられる方については、広い意味で後遺症であるという見方で検診に当たってきました。この二〇一四年秋にもサリン被害者を対象とした検診が実施され、私が問診を担当しています。

サリン事件被害者は、国家に向けられた無差別テロによってこのような後遺症を負っています。ですからそのケアは国で行うべきだと私は思います。ですが、行政が被害者ケアをするということになったとき、R・S・Cのようなきめ細かいケアができたのかという疑問が残ります。ですから、民間が行うケアを行政が後押しするような仕組みができればよいと考えています。検診によって、被害者の後遺症が消えたわけではありませんが、被害者に医師として寄り添うことによって、被害者の心が癒《いや》され前向きに生活を送っていただけるようになれば、検診にたずさわってきたかいがあると思っています。

第三章　被　害

新聞紙（丸ノ内線荻窪《おぎくぼ》発池袋《いけぶくろ》行）

白髪のカツラで変装した横山真人《よこやままさと》（三十一歳）は、新宿《しんじゅく》駅東口で「知人」の運転する車を降りると、ショルダーバッグを提げて丸ノ内線の新宿駅ホームへと向かった。スーツの上にコートを羽織るという姿は、何年ぶりかのことだった。日差しをたっぷり浴びた午前七時半の新宿は、ラッシュのピークが近い。同じ方向に進み、あるいはすれ違う人の波にショルダーバッグは揉《も》まれた。

道行く人たちが、他人の持ち物に関心を払うことはほとんどない。好天にもかかわらずその男がビニール傘を持っていたことを不審に思う暇は誰にもなかった。

男はエスカレーターでホームに降り立ち、荻窪方面から滑り込んできた新宿発七時三十九分池袋行きの電車五両目に乗り込む。車両は出勤客を詰め込んで、彼の標的に選ばれた霞ヶ関方面へと向かっていく。

新宿御苑前駅《しんじゆくぎよえんまえ》を通過する前後に、彼は立ったままショルダーバッグを開き、その日の日本経済新聞朝刊紙に包まれたポリ袋を二つ取り出した。ポリ袋はそれぞれ六百ミリリットル。薄いべっ甲飴《あめ》のような色の液体で満たされている。

新聞紙にくるまれたポリ袋を足下に下ろし、両足ではさむ。四ッ谷《よや》駅に電車が滑り込もうとするとき、彼は計画どおりポリ袋にビニール傘の先端を突き刺した。先端は鋭く磨かれてあった。

彼は四ッ谷で下車し、残されたポリ袋から液体が洩《も》れ始めた。液体は車両の床に流れ広がる。間もなくその液体は活発に気化を開始。色をもたない気体は車両中に漂い、広がっていく。


（小柴勇《こしばいさむ》・マッサージ師・地下鉄サリン事件当時四十八歳の証言）

――勤め先までの通勤経路を説明してください。

私は当時丸ノ内線の新中野《しんなかの》駅近くに住んでいました。荻窪から新宿、四ッ谷そして霞ヶ関を経由して池袋に向かうあの丸ノ内線の駅です。新中野は荻窪と新宿の間にあります。

あの日、一九九五年三月二十日は連休の谷間の日で、いつもの時間に起き、いつもの時間に家を出て、いつものように勤めに出るため新中野から地下鉄に乗りました。

私はその一年ほど前から、新大塚《しんおおつか》にある整形外科医院にマッサージ師として勤めていました。丸ノ内線の新大塚です。ですから、通勤は丸ノ内線一本で済むわけです。途中で、新宿・四ッ谷・霞ケ関を経由していくことになります。

新中野で乗ったときから、いつものとおり車内は込み合っていました。新宿で大勢が降りましたが、また大勢が乗ってきましたので混雑はかえって増したくらいです。新宿を出た正確な時刻は分かりませんが、その男が乗ってきたのが七時三十九分発だとすればその時間ということになりますね。

——新宿を過ぎてから何か異常がありましたか。

電車が霞ケ関に着くまでの間、私は何の異常にも気づきませんでした。霞ケ関の駅でどっと乗客が減り、座席が空きましたので、ホームと反対側の座席の中央付近に座りました。そのとき、周りのほとんどの人たちが咳《せ》き込んでいるのに気づきました。

今考えてみれば間の抜けた話だと思われるかもしれませんが、私は風邪をひいている人が多いのかと思って、感染を避けようと端のほうの座席に移動したんです。シルバーシートのほうにです。

そこで変なものを見たんです。斜め前にあるドアの下のほうにあった、丁度テルテル坊主を逆さまにしたように丸まった新聞紙でした。ゴミにしてはおかしいと思いました。でも、まさかそれがサリンと関係があるとは思いませんでした。もちろん咳き込んでいた人たちもみんなそうだったでしょう。

――目的地に着いてからどんなことがありましたか。

目的地の新大塚に着いて乗降客は整然としていたようにみえました。私もそのつもりでしたが、改札手前で定期を出すときに、手の動きが鈍いのが気になりました。定期がポケットからなかなか取り出せないのです。マッサージ師としての経験からもおかしいと感じました。

出口から職場のほうに向かおうとしたのですが、道なれたところなのに、左に寄ったり右に寄ったりで、これはおかしいぞと思っているうちに、曲がり角を曲がりそこなって、見慣れないところに出てしまいました。そこからまた戻って、ようやく職場にたどり着いたんです。そこで、仕事の白衣に着替えようとしたんですがボタンがはめられません。なにか、体が、病み上がり特有のふわふわっとした感じで、体のコントロールができなくなっているのに気づきました。これも、マッサージ師の勘です。

だるいのと、ふらついていたのとで、足が地につかない感じで、これでは、マッサージの施術ができません。周りの人に言って、家に帰ることに決めて、職場の近くの公園で少し休んで公衆電話から自宅に電話をしました。

妻は、地下鉄で事件が起きていることを知っていて「大丈夫なの。地下鉄は危ないからＪＲで帰りなさい」ということでした。そのとき初めて、自分も事件に巻き込まれているのかもしれないと思いました。急に吐き気がして、公園の便器に吐き出しました。

ＪＲの大塚《おおつか》駅まで歩いて、新宿経由で中野に向かおうと思いました。ところが、大塚で切符を買うときに目がかすんで、「中野」という文字を探すのにすごく時間がかかりました。やっとの思いで電車に乗り、新宿で乗り換えようとしたんですが、新宿の地下道で道が分からなくなりました。

何とか中野方面の文字を探そうとしたのですが大変でした。ようやく総武線に乗り換え中野まで着きました。そして改札を出て驚いたのは、まだ午前中なのに、あたりの景色が夕方のように暗いことでした。濃いサングラスをかけたような感じです。なぜだろうと思いながら家に戻りました。

家に戻って横になっていると、職場の院長から電話があり、具合が悪いのは地下鉄の事件のせいかもしれないから、すぐに病院に行けと言われました。私は近くの中野総合病院に行きました。すぐに入院と言われました。そこで初めて、テレビの報道でサリン事件のことを知ったんです。


新大塚を通過した車両は、やがて終点の池袋に到着する。すでにその車内では多くの人がサリンガスに被曝《ひばく》していた。しかし、本来ならば行われるはずの終点駅での遺留品の確認はなぜかなされなかった。

その結果その電車は新しい乗客を乗せ、そのまま池袋発荻窪行きの電車となって折り返し、荻窪に到着。ここでさらに荻窪発池袋行きの電車として折り返す。そしてさらに池袋から新宿に向かう。その途中、異常に気づいた乗務員の判断で、国会《こっかい》議事堂前駅《ぎじどうまえ》で乗客全員を降車、運行中止となる。それまで電車は乗客にサリンを浴びせかけながら進んだ。折り返すたびに新たな乗客が乗車している。
男がポリ袋を突いてから電車が運行中止されるまで、一時間四十分が経過している。この間に乗客、地下鉄職員の被曝数が増加し続けたことはいうまでもない。その間に約二百人の重症者を出している。

――入院後のことをお話しください。

病院ではサリンと気づいていて、すぐに上着、シャツ、靴を全部脱がされ、患者用の服に着替えさせられました。目の検査と血液の検査の結果、やはりサリン中毒でした。患者がたくさん来ていたからでしょう。小児病棟に入れられ、五日間の入院となりました。

入院中はずっと点滴を受けていましたが、頭痛がひどく、看護師さんを呼ぶときもありました。点滴が効いたのか少したってかなり元気を取り戻しました。病院から出る食事も全部食べました。何か考えようとすると頭痛がしましたが、点滴袋を持って階上のほうに上ったりするほどでした。

ところが、退院してからが大変でした。周りの人が私を殺しに来る夢を見ました。誰かが私の部屋に入り包丁を首にのせられる夢も見ました。また別の日には、天井から私をめがけて無数の小皿が飛んできます。こういう夢を毎日見たんです。こういうことが、

二、三か月続きました。

そのあとようやく復職しました。その後も頭の芯《しん》が痛むような頭痛が続き、四、五年は、新聞を読むと頭痛。頭痛薬は手放せませんでした。めまいが続いた時期もあります。

幸い、ここ数年は心身ともに順調です。マッサージの仕事のあとは社交ダンスにも行っていますし、カラオケにも行っています。それでも、時々小さい光が目の中を走ったり、遠近の調節にかなり時間がかかるのが気になります。

私は幸い軽症でしたが、この線ではたくさん重症者が出ています。私は運がよかった。サリンのすぐ近くにいたんですから。今考えてみると、奇跡というしかありません。

重篤（丸ノ内線池袋発荻窪行）

丸ノ内線荻窪行にサリンを散布したのは、広瀬《ひろせ》健一《けんいち》死刑囚である。広瀬の人物像については後にふれる。中野坂上駅に到着までの車内と同駅構内で多数のサリン被曝者を出しており、一人が死亡している。

（浅川一雄《あさかわかずお》・地下鉄サリン事件当時三十五歳・会社員の証言）

――事件はどんな経過でお知りになりましたか。

当時も私は東京近郊に住んでいました。勤め先は都内です。ウィークデイは毎日のことですが、自宅から家内と妹と子供たちを車に乗せて駅まで行き、先に家内と妹を下ろし、駐車場に車をあずけ、子供たちを保育園に送って最寄り駅から電車に乗り、最後は有楽町線《ゆうらくちょう》を使って勤めに出ます。その日も同じでした。勤務先に着いたのが八時半ぐらいだったと思います。

間もなくして勤務先本社から電話が入り、「地下鉄で大きな事故があったようだが、全員無事か」との確認がありました。テレビをつけてみて、東京の地下鉄のいろんなところで、同時に大事故が起きていることが分かりました。

私の妻は日比谷に勤めていましたので、その勤め先に電話を入れました。「何があったの。わたし仕事してるわ」。この返事に私はひとまず安心しました。気がかりだったのは、四歳下の妹、幸子《さちこ》のことです。

妹は独身で父母と一緒に暮らしていました。妹は住まいの近くのスーパーにレジ係として勤めていましたが、その日はたまたま、企業の新人教育係養成講座を受けるため、杉並区の新高円寺《しんこうえんじ》という駅に向かっていたんです。

――幸子さんの消息は分かりましたか。

妹は妻と一緒に最寄り駅から東京メトロに乗り、日比谷駅で妻と別れて霞ケ関駅まで行き、ここで地下鉄丸ノ内線に乗り換え、新宿方面に向かったはずでした。それは分かっていたのですが、携帯電話が普及していない時代でしたので、安否を確認する方法がありません。一抹の不安はあったのですが、「まさか妹が」とその不安を打ち消して、通常どおり十時ごろ会社を出ると、二、三軒お得意先回りをしていました。

その出先に会社から電話が入ったのです。大至急自宅に電話をしろ、ということでした。自宅に電話をすると、母が出て「幸子が大変なことになっているらしい。新宿署から連絡があった」と言うのです。妹は新宿の東京医科大病院というところに入院しているということでした。

すぐに病院に電話を入れました。「今のところ生命に別条はありませんが、ジュウトクです」。このとき私には「ジュウトク」に当たる漢字が思いつきませんでした。その漢字が「重篤」だったことは、あとで病院に着いて思い知らされることになります。

仕事の引継ぎをして、すぐに新宿の病院に向かいました。病院中に患者があふれて、ごったがえしています。妹との面会をお願いしましたが、妹は救命医療センターに入っていて、すぐには面会できないということで、私が妹の入院手続きをとりました。妹が中野坂上の駅で心肺停止の状態で倒れていたこと、地下鉄に撒《ま》かれた毒ガスサリンが原因であること、レスキュー隊の人工呼吸や心臓マッサージによって一命を取りとめて、救急搬送されてきたこと、レスキュー隊の一人が二次被害で倒れていること。話を聞いて驚くことばかりでした。

——妹さんのご様子はいかがでしたか。

ようやく面会が許されたのは、病院に着いて三、四時間くらいたってからでしょうか。そのときの妹の姿にまた驚かされました。病衣を着せられ、体にいろんなものが取り付けられていました。人工呼吸器だけでなく、点滴やら何やらいろんな管がありました。

顔は土気色でした。もう死んでしまうんじゃあないか、心配になって「お兄ちゃん来たから安心しな」と声をかけました。返事はありませんでした。妹は植物人間になってしまうのだろうか、という思いが頭をかすめました。

病院のほうからは、「今のところは完全看護ですので、お引き取りいただいて構いません」と言われました。駆けつけていた家内や父母は帰ることにしましたが、私は病院にお願いして、控室で一泊させてもらいました。少しでも妹のそばに居てやりたかったからです。翌朝家内が自宅近くの最寄り駅まで迎えに来てくれたんで、家内の運転で自宅まで帰りました。

その途中、無性に悲しみがこみ上げてきました。家内に「すまない。泣かせてくれ」と断って、すべてを吐き出す思いで泣きました。泣きわめきました。妻も一緒に泣いていました。私は普段、人前では絶対泣かないことを信条にしていましたが、このときばかりは、そうはいきませんでした。

泣いたあとに、これから起こるすべてのことを受け入れようと決めました。

――それから妹さんの闘病生活が始まったわけですね。

そうです。まず、東京医科大病院に四、五か月入院しました。そのときに主治医の方から「妹さんはいわゆる植物人間ではありません。意識もあります。低酸素脳症で、知能は三歳から五歳くらいと思ってください。からだはわずかに動かせますが、全身がほとんど麻痺《まひ》しています。このために、皆さんでお食事をしたりするようなことは難しいでしょう。寝たきりということです」と告げられました。

一緒に来ていた父母と駐車場で少し話しました。当時七十歳だった母は「さっちゃんは死んじゃったほうがよかった」と言って泣きだしました。私が「なんでさ、せっかく神様が生かしてくれたのに」と言うと「お前たちが大変だから言ったんだよ」と言ってまた泣きました。

九五年の夏から、西武新宿線沿線の病院に転院し、三、四年入院しました。高圧酸素療法という血行を良くするための治療と、リハビリのためです。この病院に移るときに警察の方から「新しい病院のほうにオウムの信者がいないか調べましたが、大丈夫でした」と教えてもらいました。警察はそこまで調べてくれているんだ、と少し驚きました。

若い先生方が「何とか、立って歩けるように」と熱心にリハビリの指導をしてくださいました。私にはかなり改善したように見えたのですが、三、四年たつと「これ以上は」と言われてしまいました。最後の入院になったのが、私たちの住まいの近くで長期滞在を認めてくれる病院です。ここでも、熱心にリハビリを支援していただきましたが、三年たつとやはり「改善の見込みが立たないので、これ以上は」と言われました。

――症状が改善されないとすると、その先は？

もう、病院に入院するということには限界があります。身障者用の施設に入れるか、在宅で介護するか、迷いに迷いました。ですが家内の「みんなで一緒に住もう」という決断で、在宅で介護することにしました。

妹の記憶力もすっかり衰えてはいますが、時々、不自由な口で、「兄貴」と言ったり、私の子供の名前を呼んだり、大好きなコーヒーを飲んで「おいしい」と言ったりしてくれると、苦労も忘れます。ですが、残念ながら、症状が改善する兆しはありません。手足の動きは固くなっているように感じます。

――妹さんの乗っていた車両にサリンを撒いた広瀬健一についてどのように思いますか。

とても優秀な人だったと聞いています。子供のころから勉強ができて、親御さんにとっても自慢のお子さんだったでしょう。それでも、大切なところで、人間としてやっていいことと悪いことの判断ができなければ、勉強なんて何の役にも立たないということではないでしょうか。そういう、道徳的なところに欠けたものがあったということでしょう。

実は、広瀬の母親が謝罪したいと言っているが、という話が来たことがあります。私はお断りしました。だって、母親には責任がないじゃありませんか。成熟した大人がやったことですから。ですから、母親が頭を下げる姿は見たくありませんでした。決して謝罪を受けることを拒否したとかそういうことではありません。母親には何の恨みもありませんということです。

――今、国や社会におっしゃりたいことは？

加害者たちは監獄の中で、衣食住を与えられて生きているんです。ところが被害者のほうはどうなんだということです。幸子は、私たちが介護しなかったら今から生きてゆけません。少なくとも、国家に向けられたテロで私の家族がこんな目にあった。そういう場合に国や社会が、犯罪被害者にもっと優しい視線を向けられないのか。このことを私たち被害者が言い続けなければいけないと思っています。また同じ犯罪を繰り返してはいけないと思います。

——今一番心配なことは何ですか。

私が事故で怪我をしたり、病気にかかることです。私も五十五歳。腰痛持ちです。もし私に何かあったら、妹のことを誰が面倒みてくれるでしょうか。それを考えて、車の運転もよくよく注意しています。

遅発性（日比谷線北千住《きたせんじゅ》発中目黒《なかめぐろ》行）

九五年三月二十日早朝、サリンの製造施設である山梨県上九一色村第七サティアンからオウム真理教渋谷アジトに戻った実行役は、十一袋用意されたサリン入りポリ袋を五人で分け合った。二袋ずつ分ければ一袋余ることになる。しかし日比谷線中目黒行を担当する林泰男《はやしやすお》（当時三十七歳）は、第七サティアンでの謀議で決まったとおり、三袋を手に取った。

サリンは霞ケ関を通過する五本の地下鉄内で撒かれたが、その中でも最大の被害者を出したのは日比谷線中目黒行である。この路線では、八人の死者と二千四百人を超える負傷者とを出した。地下鉄サリン事件の中でも特に多くの被害がここで生じていることになる。

（撞井等《つくいひとし》・会社員・地下鉄サリン事件当時四十歳の証言）

――事件にあった経過をお話しください。

当時私は足立区《あだち》に住んでいました。日比谷線人形町《にんぎょうちょう》駅が最寄りの勤め先には、東武《とうぶ》伊勢崎《いせさき》線の五反野《ごたんの》駅から北千住経由で一本です。五反野駅から乗ったのはいつもと同じ、七時四十分ごろだったと思います。乗って二十分もしたころでしょうか、秋葉原《あきはばら》駅と小伝馬町《こでんまちょう》駅の間で、数分間停車しました。特に事故のアナウンスがあったのかは憶《おぼ》えていません。乗客は皆さん落ちついた様子でした。電車はその後小伝馬町駅で停車しまして、ここで降車するようにアナウンスがありました。

ホームに降りると、今までに経験したことのない異臭が立ちこめていました。二、三人の人が仰向けに倒れていて、一番近くに倒れていた女性はピクピクと痙攣《けいれん》していたように見えました。でも怖くてしっかりとは見られませんでした。私は本能的にここにいちゃヤバイと思い、早足で振り返りもせず地上に出ました。

――勤め先には行かれたんですね。

人形町は隣駅ですから、会社まで歩いてゆきました。私の勤めている会社は、建築設備の工事会社です。当時は積算を担当していました。積算というのは簡単にいうと、設備の工事費を算出することです。

会社に着いて、いつも仕事をしている自分の部屋に入りました。そうすると、その部屋の中がいつもと違い暗く感じたんです。頭痛がしだして、それがだんだん激しくなって、息苦しさも加わってきました。

これはいけないと思い、すぐに会社に断って、近くの病院へ歩いてゆきました。

病院でそんな症状が出るまでの経過を聞かれましたので、地下鉄のホームであったことを話しました。そうすると、地下鉄でサリンという毒ガスが撒《ま》かれて、たくさんの被害者が出ている。私もその一人だというのです。パムというサリンの解毒薬を注射されました。それですっかり良くなり、その後通院はしていません。

サリンはオウム真理教が撒いたということで、大きく報道されていましたが、まさか自分の身にこれから何かが起こるとは思っていなかったので、非常に不謹慎ですけれども、劇画でも見るような気持ちで毎日ニュースを見ていました。

――その後どんなことが起こったんですか。

異常に気づいたのは九九年六月半ばのことです。電車を降りての帰宅路で、左の膝《ひざ》が脱力したようにカクンと折れました。子供のころふざけてやった〝膝カックン〟の状態です。幸い転びはしませんでしたが、この瞬間がすべての始まりでした。サリンを浴びて四年以上が経過していました。

歩行困難はそれから最初に入院する九月まで少しずつ直線的に悪化しました。運動不足解消のために縄跳びでも始めようと思ったのですが、すでにジャンプすることができません。歩こうとするとサンダルも前にすっぽ抜けてしまう、一度しゃがんでしまうと脚力だけでは立ち上がれなくなる、通勤時は片手に杖《つえ》反対の手はガードレールやビルの外壁を手摺《てすり》代わりに使わなければならなくなる。こんな具合に災難が次々と降りかかってきました。先週できたことが今週はもうできなくなっているのです。

八月末には通勤は危険と限界を感じて病欠することにしました。その後、在宅勤務にさせてもらっています。

——病院ではどのような治療を受けましたか。

会社の近くや自宅の近くの病院で診てもらいましたが、どちらも内科の先生だったので何も分かりませんでした。三番目に行った内科に神経内科の先生がいらっしゃって、ここで武蔵野《むさしの》赤十字病院を紹介されたんです。

武蔵野赤十字病院の神経内科に入院し、MRIを何か所か撮った結果、脊髄《せきずい》に炎症があるとのことで、炎症を抑える薬を毎日十数錠飲みました。腰椎穿刺《ようついせんし》検査で髄液の測定をしたり、MRIで画像診断をしたりしながら薬の服用を一錠ずつ減らしていきました。炎症を示す数値が落ちついてきて薬があと一錠になった段階で、リハビリのために転院しました。

パーキンソン氏病等ほかの神経の難病に該当するかどうか様々な検査を受けましたが、病名は判明しませんでした。

——病気はサリンによるものだと分かったのですか。

その症状はサリンによるものではないかと自分では思っていました。そう思ったのは、サリンが神経を侵す毒ガスであること、脊髄が炎症を起こしていたこと、病名や原因がいつまでたっても不明なこと、サリンに被曝《ひばく》したこと以外に原因が思い当たらないことなどからです。

二〇〇八年にオウム真理教犯罪被害者給付金制度が施行されました。オウムの被害者に障害の程度によって給付金を段階的に支給するというものです。私も一級の身体障害者であることを書き添えて申請しました。すると、公安委員会から診断書の提出を求められました。

そこで、サリン被害者の検診に関わっていらっしゃるという、聖路加国際病院の石松先生に診断をお願いしました。先生は、いろんなデータをもとにして、大変熱心に症状や私の病歴を調べてくださいました。その結果、「サリン中毒」という診断書を書いてくださったんです。

発病から十年、何も分からなかった病気に初めて病名と原因が与えられました。これで、給付金も最高額で通りました。

ただ、これはゴールではありません。依然として治療法はなく、車椅子の生活は死ぬまで続くんです。今後は先端医療に夢を託して、給付金は将来の治療費に充てようと思っています。

――現在、症状はいかがですか。

腰から下が全く動きません。走ることはもちろん、歩くことも、立ち上がることすらできません。感覚的には温感と痛感が少し残っています。

二次的な障害の最たるものが褥瘡《じょくそう》です。ベッド上か車椅子上の生活なので、お尻《しり》への圧迫は四六時中です。良いクッションを使ったり、体を少し持ち上げて除圧を心がけていますが、今回が褥瘡では三度目の入院になります。

ほかにも、体温調整が上手《うま》くできない、関節可動域の減少、骨粗鬆症《こつそしょうしょう》、手にも痺《しび》れがあり箸《はし》が使いづらい、筆記用具が上手く使えない、字がスムーズに書けない、等です。

その上、何度目かの入院で処置中に左大腿骨《だいたいこつ》の骨頭が折れて取り出しました。大腿骨が骨盤に接続していないため、先端が五センチほど肉に食い込んでいて、常に痛みを感じ続けています。

現在は入院しています。もう丸六か月になります。入院中に六十歳になりました。第一線で現業をこなすのは体力的に限界だと思いました。そこで、雇用期間の延長を断念し仕事からリタイアすることにしました。

小伝馬町1（日比谷線北千住発中目黒行）

日比谷線中目黒行にサリンを撒いたのは林泰男。彼はほかの散布役より多い三袋を引き受けた。この電車の被害が大きくなった原因の一つは、撒かれたサリンの量が多かったことだ。

もう一つは、第三車両内でサリン液が気化して発散し、刺激臭を発し始めたため、小伝馬町駅到着後、その車両に乗っていた乗客が、サリン入りの袋を新聞包みごとホームの支柱付近に蹴《け》り出したことによる。サリンはホームにいた乗客に、そして続いて到着した列車の乗客にも襲いかかった。

小伝馬町駅では、一駅で最も多い四人の死者を出している。しかし、サリンを蹴り出した乗客を責めることはできない。その人にとっては当然の自衛行為だっただろう。「不審物があったら係員へ」という車内表示やアナウンスが徹底されるようになったのは、この事件以降のことだ。

(関澤郁乃《せきざわいくの》・会社員・地下鉄サリン事件当時二十三歳の証言)

——事件にあった経過をお話しください。

私は竹ノ塚《たけつか》から勤め先がある東銀座《ひがしぎんざ》まで、いつも日比谷線を使っていました。秋葉原を過ぎたころ、列車が停車しました。そして「築地駅で事故が発生しました。このままお待ちください」というアナウンスがありました。実際はもっと短かったようですが三十分ぐらい停車したような感覚があります。

電車は動きだし、次の小伝馬町にゆっくりと入ってゆきました。駅に着くと、ホームに二十代くらいの女性が倒れていて、「誰か何とかしてくださーい！　お願いしまーす！」と狂ったように叫んでいました。何だ、築地で事故じゃないじゃない、と私は驚きました。でも、しばらくしてその声が聞こえなくなったので、何か救急の処置がとられたのだろうと思いました。そこに「運転再開のめどが立っていません」とのアナウンスがありました。

——事故にどう対応しましたか。

車内で運転再開を待つか、降りてバスとかタクシーとか別の交通手段で行くか。ともかくできるだけ早く勤め先に着く、そのことしか頭にはありませんでした。中には小説を読みながら再開を待つ人もいましたが、私は地下鉄を諦《あきら》め、ホームに降りました。

そのとき、ホームの前方のほうの床が液体で濡《ぬ》れているのに気づきました。乗客はそれを踏みつけながら階段へと向かっていました。そうやって液体は駅の構内に広がっていきました。私もそれを踏んだと思います。

その液体が、乗客がホームに蹴り出したサリンの袋から流れ出したものだと知ったのは後のことです。

改札はフリーになっていました。地上に出て、いやに暗いな、と感じました。グレーのカーテンがかかっているようでした。しかし私は、地下から出てきたので目がおかしくなっているんだろうぐらいに考え、異常とは思わなかったんです。


――地上に出たときにどんなことがありましたか。


まずは遅れている事情を会社に連絡しようと、駅前の交差点の角にある公衆電話に急ぎました。あたりを見回すと倒れている人や、しゃがみ込んでいる人が大勢いました。一体何が起きているのだろうと不思議に思いました。何人かはタクシーに乗ろうとしていましたが、乗車を拒否されていました。

携帯電話のない時代でしたから、公衆電話にできた八人ほどの行列に並んでようやく会社に連絡がとれ、交差点に戻ろうとしたときです。口の周りに白い泡をつけている五十代くらいの男性が私に向かってしなだれかかってきたのです。私は女ですからびっくりしました。でも、その男性が痴漢でないことは一目で分かりました。苦しんでいることも分かりました。発声はできないようでしたが、目で私に助けを求めていました。私は、たまたま公衆電話を待つうちに一緒になった同年配の女性と二人で、男性の両脇につき、ネクタイとベルトを緩めてあげました。

呼吸が苦しそうだったので、気道を確保するにはどうしたらよいか考えているときに、二人の男性が駆け寄ってきて苦しんでいる男性の肩を担ぎ上げてくれました。そのうちに、救急車やパトカーも集まりだしていたと思います。でも、救急車はすぐに患者で一杯になり乗れませんでした。その男性は結局駆けつけてきたパトカーに乗せられていきました。

——貴女《あなた》に異変は起きませんでしたか。

勤め先に向けて、ともかくできるところまで歩こうと交差点を渡りかけたところで、初めて自分自身呼吸が難しくなっていることに気づきました。胸の中に重い石が詰まってしまったような異様な苦しさでした。道端に座り込みました。まさにパニックでした。そのときです。私の脇に黒塗りの高級車が止まりました。後部座席のドアを開けて中年の男性が「おい、どうしたんだ」と聞きました。近くにいた女性が「この人呼吸できないようで」と答えてくれました。その男性は、後部座席を空けて私を横にして乗せ、自分は助手席に移り、その方の行きつけの診療所に私を連れていってくれたのです。その恩人の名刺は今でも大切に持っています。

私は今でも満員の通勤電車には乗れません。

小伝馬町2（日比谷線北千住発中目黒行）

（光野充《こうのみつる》・会社員・地下鉄サリン事件当時五十四歳の証言）

――電車が遅れ始めたときのことをお話しください。

前日の三月十九日は、新潟に渓流の岩魚《いわな》釣りに行ってました。翌日は天気がよかったので朝から釣り道具の後片付けをやりました。いつもだったら、二十分は早めに勤め先に着くように家を出るのですが、この日はいつもより十分ほど遅くなりました。この十分の遅れが、自分の運命を分けるとはもちろん思いもしませんでした。

日比谷線の竹ノ塚駅まで行き、竹ノ塚始発の列車に乗り込みました。当初は何事もありませんでしたが、列車が秋葉原を過ぎたころから一時停止が多くなり、そのうちに「築地駅でガス爆発事故があった模様」という車内アナウンスが流れました。

私の感じでは、小伝馬町に着くころには八～十分の遅れが出ていたと思います。ホームにゆっくりと列車が滑り込んでいく途中でホームのほうからと思いますが「ウォー」という叫び声が聞こえました。それでもその声は何か動物の声だろうと感じていましたので、そのことで駅に事件が起きているというふうには思いませんでした。

小伝馬町駅でしばらく停車するというアナウンスがあり、四、五分運転を待っていましたが、結局回送となりました。

——駅ではどんなことが起きていましたか。

列車から降りたときに、すぐそこに私と同年配の男性が進行方向に頭を向けて倒れていました。目を固く瞑《つぶ》り、手足を大きく痙攣《けいれん》させていました。これはてんかんかなと思いながら、ともかく近くにいた若い男性と一緒にその人の手足をさすりました。いかにも苦しそうで、声をかけても話ができそうには思えません。近くを通る人に「駅員さんを呼んでください」と頼みました。

進行方向へ十メートルほどのところにも人が倒れていて、何人かの人が取り囲んでいました。倒れている人はスカートをはいていてまだ若い女性でした。女性は動いていないように思いました。

男性をさすっていた間、私はホームの壁のほうを向いていましたが、何かの拍子に線路方向に向きを変えました。ここで体の向きを変えた理由は今でも分かりませんが、そのとき、たまねぎの腐ったような変な臭いを嗅《か》ぎました。このとき頭によみがえったのが「築地でガス爆発事故」というアナウンスでした。この臭いは築地方面から都市ガスが漏れてきているに違いない。私はここで初めて身の上に危険が迫っている、ガス爆発に巻き込まれてはいけないと感じました。改札を乗り越え、出口へと階段を上りました。サリンとは気づかないまま、私と同じような行動に出た人もいました。

事故が起きていることを知らされていない人たちの群れは地下へと逆流しています。私は、「おい、ガスが爆発するぞ。危ないぞオ!」と叫びながら進みましたが、全く無視されました。変なおじさんが変なことを言っているとしか取られなかったのでしょう。

――地上に出てみてからどうなりました?

人ごみをかき分けるようにして地上に出た私は、爆発が起きても安全なように、駅から離れよう、そのために車の通らない裏道を行こうとしました。

駅近くの路地裏を五十メートルほど行ったところで、一瞬のうちに私の視界がゼロになりました。黒い布ですっぽり覆われたように。意識も遠のいていき、その後はそこにうずくまったこと、「どうしました」と男性の声がしたこと、体が何かの上を移動していたことぐらいしか憶《おぼ》えていません。

三井記念病院の処置室で意識を取り戻したのはそれから七時間後のことです。ここで私は十三日間入院し、命を救われました。私を病院まで運んでくれた命の恩人がどなたなのか、今も分からないままです。

光野氏がホームで倒れているのを見た男女二人は、小伝馬町での四人の死者のうちの二人と思われる。また、光野氏が倒れた男性を介抱していたのは、小伝馬町駅で乗客に蹴《け》り出されていたサリン入りポリ袋から、三~四メートルの位置であった。

小伝馬町3（日比谷線北千住発中目黒行）

（岩田昭三《いわたしょうぞう》〈仮名〉・会社員・地下鉄サリン事件当時五十一歳の証言）

——電車が遅れ始めたときのことをお話しください。

その日は、八丁堀《はっちょうぼり》にある勤務先に向けて、朝七時五十分ごろに北千住駅始発の日比谷線に乗りました。私の記憶では、小伝馬町までは何事もありませんでした。小伝馬町で停車し「築地で爆発事故があった」というアナウンスが流れました。車内はピークの前でしたが、かなり混雑していましたね。

そのうち動きだすだろうと高をくくっていたのですが、なかなか動く気配はありませんでした。一人降り二人降り、少しずつ乗客が減っていきました。何分くらい待ったか、私も地下鉄は諦め、タクシーで会社に行くことにしました。

——異変が起きたことに気づきましたか。

後部の車両に乗っていた私がホームに出ると、前から三両目のあたりで人だかりがしていました。これを無視して出口に向かえばよかったのですが、気になって様子を見に行きました。

そうすると、ホームの床に三筋ぐらいの液体が流れていて、シンナーのような臭いが漂っていました。そこに立っていた男性に「何なんですか」と声をかけましたが、その男性は目をしばたいていて、ボーっとした感じで、反応がありませんでした。

——あなたに異常はなかったのですか。

何の異常も感じないままタクシーに乗りました。そこで、世界が暗くなっていることに気づいたのです。中学までを過ごした新潟を思い出しました。純白の雪中から家の中に入ったときのあの暗さです。

勤務先に向かう途中、八丁堀の駅前を通り過ぎるときにびっくりしました。十張ほどのテントがビニールシートの上に張られ、大勢の人がそこにうずくまり、あるいは横たわっていました。野戦病院さながらに、負傷した人を医師や看護師がケアしていました。ただ、それを見ても、自分の感じている暗さとその景色とを同調させて考えることはできませんでした。

私が事の重大性を知ったのは勤務先に着いて、遅刻を詫《わ》びたときのことです。勤務先では男性職員二人がサリンに被曝《ひばく》していて、一人は入院していたのです。

ビニール傘（日比谷線中目黒発東武《とうぶ》動物公園《どうぶつこうえん》行）

豊田亨《とよだとおる》は、東京大学理学部物理学科卒業。素粒子理論を専攻し、東京大学大学院理学研究科物理学専攻修士課程を修了した英才である。豊田は、日比谷線中目黒発東武動物公園行の先頭車両に始発駅から乗り込み、恵比寿《えびす》駅でサリン入りのポリ袋を、傘の先端で突き刺した。これが人類救済のためだったと彼は信じていたという。列車は霞ケ関駅まで走行した後、運行を取り止めた。

（味岡直樹《あじおかなおき》・会社員・地下鉄サリン事件当時五十三歳の証言）

――その日の通勤経路をお話しください。

平成四年（九二年）から勤め先の会社の人事異動で総務の責任者をするようになったんです。会社の始業は九時半ですが部門が八時半までには出社するようになりました。勤め先は日本橋《にほんばし》の人形町ですし、自宅は東急東横《とうきゅうとうよこ》線の祐天寺《ゆうてんじ》の近くですから通勤には三十分くらいですね。

その日も東急東横線の祐天寺から乗って、中目黒で日比谷線に乗り換えました。中目黒始発の電車ですから、楽に座れます。七時五十九分発の東武動物公園行電車は、異動になってからいつも乗っていた電車です。運不運ということでいうと、総務部に行ってなければ、この日のこの電車に乗り合わせることはありませんでしたね。ラッシュのピークには早いですけど、そろそろ混雑が始まる時間帯です。

——何か不審なことに気づきましたか。

人形町駅での降り口が近い、先頭から二両目の前のほうに乗りました。その席から連結部分の窓を通して、一両目の後部座席が見通せたんです。そこにレインコートみたいなのを着てビニール傘を持った男が座っていました。外は晴れているのに変だなぁ、若いフーテン族なのかなぁ、と思いましたよ。ええ、目立ってましたね。

このごろは、「不審な人物を見かけたら係員まで」なんてよく書いてありますけど、今だったらああいうのは不審ということになるんでしょうかねえ。

男が恵比寿で降りたのは気づきませんでした。

——体調が悪いのに気づきましたか。

自分が具合悪くなったのは恵比寿を過ぎて広尾《ひろお》から六本木にかかるあたりです。そうですねえ、まず呼吸がつらくなって、ムカムカする感じと、体中がだるくなって。これだと会社に行っても仕事にならないなぁと思いました。ええ、こんなことは初めてで。周りの人も具合が悪くなっていたのでしょうけどそれは分かりませんでしたねぇ。

そのころには、「不審男」はいなくなっていました。男の座っていた席には、お年寄りが座っていたようでしたが、その方がズルズル足のほうから床にずり落ちていきました。床には液体が流れていましたので、そのお年寄りが失禁したのかと思いました。自分も体調がおかしくなっているのに、なぜかそのお年寄りの姿と重ね合わせて自分に危険が迫っていることは感じませんでした。

――周りの人の様子はどうでしたか。

身の回りに何かトラブルが起きているらしいということを感じたのは、神谷町《かみやちょう》駅に着く直前に、トンネル内で電車が一時停止してからです。一両目の後部座席のほうでは、乗客が咳《せ》き込んでいるのが見えました。席からずり落ちかけていたお年寄りは、完全に床に転がっていました。

電車は間もなく動きだして神谷町駅まで行きました。私は一両目の車両に行って、ほかの乗客と一緒にそのお年寄りを車両からホームへと運び出しました。今考えてみれば、ずいぶん危険な行為だったんでしょうけど、そのときは夢中でしたから。ただ、私はそのお年寄りをホームに運び出すとき、たまたま頭のほうを持っていたのが不幸中の幸いでした。サリン液がしみ込んでいたズボンのほうを持った人は、かなり重症の被曝になったはずです。また、そのお年寄りは、亡くなられたと聞いています。

神谷町駅のホームには五、六人の人がうずくまっていました。一両目の車両の中で倒れていた人もいたようです。それでも、何か大事件が起きているという印象はありませんでした。

私はひどく体調が悪いので、会社は休もうと決めました。地上に出て通りかかったタクシーを拾って、後部座席に体をうずめるようにして自宅に向かったんです。


味岡氏の言うとおり、この車両が神谷町で七分間停車した時点ですでに多くの被害が発生していた。しかし、その電車の運行はすぐには中止されなかった。倒れていた乗客は救急搬送され、一両目の乗客はほかの車両に移されたが、電車は霞ケ関駅まで一駅走り続ける。そこで初めて電車は運行をやめ、乗客全員降車となったのである。この電車では一人が死亡し、五百数十人が重症を負っている。


――事件のことにはすぐに気づいたのですか。

何か気持ち悪い、何か気持ち悪い、と思いながら自宅の近くまで来たときです。運転手さんから「何か大きな事故があったようですね。お客さんよかったですねえ。あそこ今、交通止めになってますよ」と声をかけられました。運転手さんはラジオを聞いて知ったようですが、私はラジオを聞いている余裕はありませんでした。そして、その話を聞いても、それと自分が関係しているとは全く思いませんでした。

四千円くらいのタクシー代を支払って家に入ると、家内が大声で「大変よ、霞ケ関でなんかおかしな事件が起こっているようよ」と言うのを聞きました。私はここで初めて、自分が何か事件に巻き込まれていたんだと気づいたのです。

――病院にはどのようにして行かれたのですか。

家内の声を聞いたのとほぼ同時に、私はぐったりとなり、布団を敷いてもらいしばらく寝ました。十分か十五分のことでしょう。その間に、私は、周りがやけに暗くなっていること、視野が極端に狭くなって、真ん中だけしか見えないことに気づきました。とにかく医者に行ったほうがいいという家内の意見で、タクシーを拾って、病院に行くことにしました。

家内の意見は、聖路加国際病院がいいということでしたが、運転手さんから「あそこはもうクローズになっていてだめです」と言われてしまいました。私のよく知っている病院に行こうとしましたが、無線で聞いてもらうと、そこも患者さんでいっぱいで、新規には受けられないということです。そのとき、父がよく行っていた前田病院の名前が浮かびました。前田病院は赤坂《あかさか》にあります。無線で連絡してもらうと、受け入れているとのことです。

病院に着くとストレッチャーが用意されていてこれで運び入れられました。入り口に群がっていたマスコミのカメラマンが、運び込まれる私の姿に一斉にシャッターを切りました。

そのストレッチャーの上で仰向けになりながら、私はようやく、よっぽどの大事件が起きているのだな、と実感したのです。

──その後の症状はどうですか。

早速入院ということになりました。サリンを解毒する薬や、利尿用の薬などを大量に点滴されました。

入院した初日は、全く周りが見えませんでした。真っ暗なのです。真っ暗闇の中心に針の穴のような明るいところがあり、わずかな光が差してくるという感じです。視力障害者になるのかと思いました。

目の症状はその後改善されました。それでも、明かりを当てても瞳《ひとみ》が開かないという障害は残っています。神経眼科医の若倉雅登《わかくらまさと》先生は、視神経の麻痺《まひ》によるものとおっしゃっています。明るいところ、暗いところでの目の瞳孔《どうこう》の動きが不自由になっているんです。年三回ほど先生に診ていただいていますが、縮瞳《しゅくどう》症状の改善はないようです。地下鉄には全く乗れません。

──被害者としての意見を述べてください。

地下鉄サリン事件の被害者となって、強く希望することがあります。それは、非常事態時の医療機関の横のつながりをもっと確かなものとしてほしいということです。そのためには、非常事態を宣言する国と医療機関との縦の関係も改善しなければなりません。地下鉄サリン事件から学習したことを、後世に役立ててもらいたいということです。

ルパン三世（千代田線我孫子《あびこ》発代々木上原《よよぎうえはら》行）

その日、北千住七時四十八分発の先頭車両に乗ったのは林郁夫《はやしいくお》（当時四十八歳）である。

地下鉄は様々な人々を飲み込み吐き出しながら進む。通勤ラッシュは同時に通学ラッシュでもあった。しかもこの日は、春休みに入る直前だった。

列車が新御茶ノ水《しんおちゃのみず》駅に近づき減速を始めると、林郁夫は当日の赤旗新聞に包まれたサリン入りのポリ袋を徐々に床に落として置いた。ターゲットとされていた霞ケ関駅の四駅手前である。持っていたビニール傘の先で袋を突いた林は、身の危険を避けるためにも素早く下車した。下車を急ぐ人波に押し流されながら。

（伊賀谷健一《いがやけんいち》〈仮名〉・高校生・地下鉄サリン事件当時十六歳の証言）

――その日の通学経路をお話しください。

その日は高校の終業式だったんです。十九年前ですから高一ですね。翌日から春休みですから、ゲームでもゆっくりやろう、そんな感じでいました。まだパソコンも携帯電話もなかった時代ですので、遊ぶことといえばそんなことぐらいしか思いつかなかったですね。

高校は千代田線の上りの終点、代々木上原の一つ手前にある代々木公園《よよぎこうえん》駅の近くにありました。

習志野《ならしの》に住んでましたから、京成《けいせい》線・JR・東西《とうざい》線と乗り継いで、大手町から千代田線に乗りました。大手町は千代田線では新御茶ノ水の次の駅です。

いつものことですが、先頭車に乗りました。いつも途中で一緒になる同級生の女子とこの日も一緒でした。

――どこで異常に気づきましたか。

大手町で乗ってすぐ気がついたことは、ずいぶん人が少ないなあということでした。いつもの半分くらいですかね。なぜなのかな、もう春休みに入った学校も多いからかな、と思っていました。

そのうちに、息苦しくなってきたんです。何か、急にのどが細くなったような感じで。同級生の女子と「何か、おかしいね」と話していました。

そうするうちに、自分たちの車両の乗客がだんだん減ってくるのが分かりました。それでも、息苦しいことと、人がだんだん減ってきていることを結びつけて考えることができませんでした。私たちの車両の中で咳き込んでいた人や、倒れた人がいたのかもしれませんが、全くそういうことには気づきませんでした。

霞ヶ関駅で少しの間停車しました。このとき、車内清掃のため、先頭車から後ろの車両に移るようアナウンスがありました。駅員が五人ほどオガクズを撒《ま》いたりし始めました。私は二両目に移っていましたので、どのような作業をしていたのか細かくは分かりません。

ただ、後になってこのとき車内清掃に当たられた職員さん二名が亡くなられたことを知りました。お気の毒と思うのと同時に、自分たちもひどく無防備だったんだなあと驚きました。

――ご自分の体に異常は感じませんでしたか。

一両目が空になった列車は、霞ヶ関を出て、次の国会議事堂前で運行停止になって、回送の表示を出しましたので、次の電車を待ちました。待っている間、駅の明かりが暗いと思いました。それでも、自分の目に何か悪い症状が出ているせいだなんて、全く思いもしませんでした。

近くにいたサラリーマンの人からも「なんか暗いよねぇ」と声をかけられたのを覚えています。その人も僕たちと同じような意識だったと思います。

しばらくして、次の電車が来たので乗り込んで、高校のある代々木公園駅まで行きました。

改札を出て、強いまぶしさを感じました。

――体の不調は増していきましたか。

足元がふらつきだしました。改札の近くで出会った男子の同級生が、心配そうに付き添ってくれましたので、何とか学校のほうに向かえました。吐き気ともめまいとも違う気持ちの悪さと、頭のふらふらするような感じとに攻められ続けましたが、何とか、校舎の近くの体育館までは行くことができました。

電車の中で一緒だった女子の生徒も具合が悪くなって、保健室で休んでいるということでした。私も保健室に連れていかれました。そこで、二人でグッタリとソファーに横になっていました。

学校に着いてからの時間の感覚がはっきりしないんですが、しばらくして、学校側で用意した車で病院に向かいました。

その車の中で、初めてはっきりした吐き気を感じて、朝食べたものを車の中に吐き出しました。吐いたものの中に血のような赤いものが見えたのを覚えています。

この日の前日僕の好きな「ルパン三世」の初代声優だった山田《やまだ》康雄《やすお》さんが亡くなってがっかりしていたところだったので、僕も山田さんのところに行くことになるのかなぁ、なんていう思いが頭をかすめました。

林郁夫が新御茶ノ水でサリンを撒いてから霞ケ関に向かった列車内では、日比谷駅近くになって、気化したサリンガスを吸って咳《せ》き込む乗客が出だしている。

伊賀谷さんの言うように、霞ヶ関でその列車は約二分間停止。乗客の通報から、駅職員により、液体の入った二つの新聞紙に包まれたポリ袋が車内から撤去され、サリン液にぬれた床が新聞紙で拭《ふ》かれた。この作業に当たった駅助役二人が殉職している。この列車では次の駅で運行中止されるまで、二百数十人の負傷者が出ている。殉職の駅助役お二人がいなかったら、さらに多くの死傷者を出していただろう。ここに故高橋一正《たかはしかずまさ》助役、故菱沼恒夫《ひしぬまつねお》助役のご冥福《めいふく》を心からお祈りする。

第四章　奇　襲

テロがテロによって制裁されることはあってはならない。集団犯罪が疑われる組織の捜査に当たっては、重要人物の周辺警備が常識だ。それは、被害者側についても、加害者と疑われる側についても同じことだ。しかし、列島の憎しみが沸騰し、教団青山《あおやま》総本部に集中しているそのとき、その周辺にいたのは、マスメディアのカメラと取材用マイクのスクラムだけだった。

（徐裕行《じょひろゆき》・村井秀夫刺殺犯・犯行当時三十歳の証言）

――襲撃を準備したのはいつのことですか。

オウム襲撃を決めたのは、事件（一九九五年四月二十三日）の十日ほど前のことで、具体的な準備に入ったのは事件の前日の朝でした。まず世田谷《せたがや》の自宅から足立区にある実家に出向き、家族との最後の別れをしました。もちろん家族には自分がこれからしようとしていることは伝えていません。その足で実家の近くにある金物屋に行き、箱入りの柳刃包丁一本を買い、肩から提げていたアタッシュケースに入れました。

それから、予約をとってあった渋谷にあるホテルに行き、宿泊しました。このホテルを選んだのは、もちろんオウム真理教の青山本部に近いからです。

――どうして襲撃を考えたのですか。

オウムの幹部を襲撃しなければならないと思ったのは、個人的な義憤によるもので、誰の指示によるものでもありません。

特に地下鉄サリン事件には、強い憤りを感じていました。無差別に無辜《むこ》の人の命を狙った、絶対に許せない犯罪だと思っていました。自分の家族が通勤に日比谷線を使っていますし、友人は丸ノ内線を使っています。当時はオウムについては限りなくクロに近い犯罪集団、宗教を利用した詐欺集団といった印象を抱いていました。

自分は子供のころから、不条理なことや理不尽なことはほうっておけない性格で、弱い者いじめをする先輩を呼び出して制裁を加えたこともありました。オウム襲撃をやろうと考えたのも、そういう自分の性格によるところが大きいと思います。

――どうやって誰を狙ったのですか。

事件の当日の昼近くに青山本部に着いてみると、本部前にはマスコミの関係者と野次馬がいました。その数は時間を追うごとに増えていきました。犯行当時、オウム本部ビル前には最低でも二百人はいたと思います。自分はガードレールに沿ったところに立ちながら、時を待つことにしました。狙いは、上祐、村井、青山です。理由はその三人が当時のオウムの代弁者であり目立っていたからです。とりわけ、ああいえば上祐と揶揄《やゆ》され憎まれ役を担っていた上祐は標的の最上位でした。その次に狙っていたのが教団ナンバー2の地位にあるといわれていた村井、その次が教団の顧問弁護士青山といった感じでした。

日中、上祐と青山弁護士が次々と姿を現しました。二人は車で来て、車を本部の入り口近くに止め、素早く建物の中に入ってゆきました。その間一秒もありません。その入り口付近をマスコミ関係者が十重二十重に囲んでいたのですから、到底この二人を刺すチャンスはありませんでした。

自分はもう少し時を待つほかないと思いました。それからしばらく動きはありませんでしたが、午後八時ごろ遂《つい》に村井が現れました。しかも、青山通りのほうから本部に向かって歩いてきたのです。このチャンスを逃してはいけないと思いました。その瞬間、殺すまでのはっきりした意思があったかというと、自分にも分かりません。そのときに頭にあったのは、村井に近づくことだけでした。

周りを取り巻いているカメラマンを必死でかき分けると、ようやく村井のそばにたどり着きました。そのあとのことは、皆さんがご存じのとおりです。

――襲撃はあなた一人で決めたことですか。

マスコミの中には、自分が、オウムの犯罪、特に麻原の犯罪が刑事裁判になったとき、証拠不十分となるように、誰かから頼まれてナンバー2の村井を刺した、と変な憶測を流しているところがあります。裁判所もそうでした。ですが、そんなことはありえません。その憶測の根拠として、自分が上祐と青山を見逃して村井を刺したからだ、と言っているものもあります。これは、実際現場にいなかった人の妄想です。自分は上祐を一番狙っていましたし、青山でもよいと思っていました。ですが、この二人を刺すことは、二人の動きと現場の状況からして、どうやっても不可能だったのです。

マスコミでは北朝鮮黒幕説、ロシア黒幕説、暴力団とオウムの覚醒剤《かくせいざい》取引の証拠隠滅説など多くの仮説が取り上げられたようですが、私の行動の背後にそのような事実はありません。また、自分に犯行を指示したということで、暴力団の若頭が逮捕され起訴されましたが、無罪が確定しています。

——警察はなぜ止められなかったんでしょうか。

あれだけ大勢の人が現場にいながら、どうして自分の犯行を止められなかったのか、と言う人もいます。でも、それは結果論でしょう。オウムの幹部には、全員警官が張りついていましたが、それは麻原の居場所をつかむためで、幹部たちを警護するためではなかったのですから。

誰も自分の犯行は止められなかったと確信しています。

——自分の行動をどう考えていますか。

自分は現行犯逮捕され、裁判で懲役十二年の判決を受け、満期をつとめあげてきました。日本は法治国家ですから当然のことです。自分の行動は許されないことです。

ですが、今でもオウムに対する憤りは薄れずに自分の心の中にどっしりと座っています。

なぜこんなことをしてしまったのかとよく聞かれます。自分なりに考えてみますと、あの当時、オウムに対する日本中の怒りが沸点に達していて、これと同調した自分の憤りも限界を超えていたというほかありません。

――今のオウムを引き継いでいる団体についてどう思っていますか。

最近になってある企画で、教団の最高幹部だった上祐氏と対談したことがあります。上祐氏は早稲田の理工学部を出て、宇宙開発事業団という立派な職場に勤めていた人です。対談してみても、頭脳明晰《めいせき》で優秀な人だと思いました。オウムにはこのような優秀な人材が多数いました。日本を背負ってもおかしくないような彼らが、カルトな新興宗教に嵌《はま》り、新しい世界秩序の創造と称して無差別テロに手を染めるような凶行に走ってしまったことが不可思議であり残念でなりません。

少しの同情と同時に、被害者への償いに最大限努めてほしいという思いに駆られました。

第五章　死刑囚の母たち

生きる意味

「学級委員として包容力があり、統率力があり、クラス内で絶対的な信頼を得ています。学習面でも優秀で、今後が楽しみです。級友の面倒見がこんなにいい学級委員は、今までに見たことがありません。今年、健一君のような、すばらしい生徒、学級委員に出会えたことは、私にとっても幸せなことでした。やや弱腰な面があることは自分でも気をつけ、今後もますますがんばってもらいたいと思います」

広瀬健一が中学二年生だったときに、担任が通信簿の「保護者と担任の連絡欄」に記した言葉である。ほとんど手放しといってもいいほどに、高い評価が示されている。この生徒が十七年後に、地下鉄丸ノ内線に猛毒サリンを撒《ま》き多数の死傷者を出すことになる兆しはどこにも見出《みいだ》せない。

広瀬は早稲田大学理工学部応用物理学科を首席で卒業する。一九八八〜八九年には指導教授と「強誘電性超伝導と二次元電子系の不整合性」という論文を執筆し、この論文は国際的な評価さえ受ける。大学院での専攻は「物理学及び応用物理学」。研究分野は「高温超伝導」。

「高温超伝導」とはいかにも難しい言葉だが、新しいエネルギーの開発、保存、輸送などに関わるものとでもしておこう。リニア・モーターにも関わっている。

少なくとも広瀬は、麻原の「空中浮揚」などとは正反する科学の世界にしっかりと根を下ろしていたように見えるのである。広瀬の裁判で情状証人として法廷に立った元の指導教官は「ドクターコースに進んでいたら、ノーベル賞級の学者になったでしょう」と嘆いている。

広瀬が非宗教の瞑想《めいそう》団体に入会したのは大学院に進んだ八七年五月、麻原彰晃の著作を読み始めたのは翌八八年二月のことである。けっして、この間麻原に傾倒していたわけではない。しかし、その年三月にはオウムに入信、翌八九年三月には出家している。坂本弁護士一家の事件が起きた年のことである。

聡明《そうめい》な物理学徒をして「麻原をグル（修行を指導する師）として、解脱・悟りを目指すことが私の『生きる意味』であると確信しました」と思うまでその世界観を逆転させたものは何だったのだろうか。いまだに解けない謎である。

（実行犯広瀬健一の母・地下鉄サリン事件当時五十九歳の証言）

――地下鉄サリン事件のことはどう憶《おぼ》えていますか。

十九年前の三月二十日のお昼はいつもどおり、退職した主人と食事をしながら茶の間でＮＨＫテレビを見ていました。都心のほうの地下鉄で毒ガスが出て、大勢の人が被害にあっているというニュースです。あとで、毒ガスがサリンということも分かってきました。二日後にはオウム真理教の施設に強制捜査が入りましたから、当然教団が地下鉄の事件にも関わっているのではないかという見方が強くなっていきました。

――健一さんのことが気がかりだったでしょうね。

はい。健一がオウムにいることは知っていました。科学班にいるというふうに聞いていたので、サリンの製造に関わってはいないかと心配していました。林郁夫というオウムの幹部が逮捕されたあとに、林さんの自白に基づいてサリンを撒いた実行犯のイニシャルが流されました。その中にＨＫという文字があるのに気づいたときの驚きは今でも忘れません。間違いであってほしいと思いました。その年の五月十六日に健一が地下鉄サリン事件実行犯として逮捕されたことをテレビで見ました。体中が震えました。

――その後健一さんとはお会いになりましたか。

しばらくして、目黒署から電話があって、捜査への協力を求められました。健一が何もしゃべらない。壁ばかり眺めて食べ物もとらず、体も痩《や》せてきているというのです。

私は、刑事さんの指示で、健一が子供のころの写真を持って目黒署に駆けつけました。

私が抱いている赤ん坊のころの写真、三歳のころ、小学生のころ、中学で剣道をしているころの写真などです。親との愛の中で育っていたころの写真を見れば、赤心に帰ってくれるのでは、と思ったのです。この写真に、元の健一に戻ってほしいという私の手紙を添えました。

みんないい刑事さんで、写真を喜んで受け取ってくれました。健一との面会は許されませんでしたが、月に一度は署に行き健一の様子を教えてもらっていました。ようやく目黒署で面会が許されたのは、その年の十一月です。そのあとは健一の裁判が始まり、小菅《こすげ》にある東京拘置所のほうに身柄が移されました。それからは、毎月一回面会に行ってます。

最初のうちはまだ教祖のマインドコントロールが残っているようでしたが、刑事さんから被害者の話を聞くうちに、だんだんそれが解けて、自分の過ちに気づいてくれたのはよかったと思います。

——健一さんはどんなお子さんでしたか。

健一は親にも妹にも優しいよい子でした。高校から大学院と、奨学金を取り、アルバイトをして、親に負担をかけまいとしていました。大学院での研究者としても、指導教授からは大切にしてもらっていたようでしたし、就職もＮＥＣに内定して、喜んでいたんです。

健一は、マインドコントロールが解けた後に、手記を書いています。その中に、高校三年生のときに「生きる意味」の問題をはっきり意識するようになって、そのことがオウムに入信するおおもとになった、と書いています。

自分が生きているって何なんだろうというような疑問は、若い人であれば誰でも一度ならずと持つもんでしょう。いえ、大人でもそうでしょう。オウムに入信するまでの何年かの間、健一は、「生きる意味」の問いを棚上げにして過ごした、と書いています。私たちは哲学者ではありませんから、そういう難しい問題は、心の片隅にはあってもいつも棚上げにしてやり過ごしています。健一もずっと棚上げにしていてくれればよかったのです。

――健一さんはどんなきっかけでオウムに出家するようになったのですか。

ヨガをやり始めたのがきっかけです。でもそのことを知ったときには、それがそんな大事につながるとは思いませんでした。それが、オウム真理教という新興宗教に入り、私たちにまで入れと言いだしたのには驚きました。そしてとうとう、内定していたNECも断り、オウムに出家してしまったのです。健一は、親子の縁も、兄妹《きょうだい》の縁もすべて断ち切りました。そんなことは、今までの健一からは全く想像もできないことです。

――オウムへの出家を止めることはできなかったんですね。

オウムに出家すると言いだしたときは、もちろん止めました。夫も「今までやってきた勉強も役に立たなくなる。せっかくそれが役立つNECに就職が決まっているのに、どんなところか分からない宗教に入ることはないじゃないか」と言いました。それでも、健一を止めることはできませんでした。健一は、オウムに行っても今まで学んだことは無駄にならないと言い張っていました。結局、社会経験のない健一には私たちの言い分が理解できなかったようです。

ただ一つ健一が「オウムが思ったようなところでなかったときは帰ってくる」と言ってくれたことだけが心の支えでした。

健一は、自分のものは一つ残さず送って出ました。物理関係の本、望遠鏡が二台。ええ、健一は天体観測が大好きだったのです。荷物の送り先は静岡県富士宮市《ふじのみやし》にあるオウムの本部でした。

衣類だけは、あとで送ってほしいと言われ、私がまとめて富士宮に送りました。

――その後は帰ってはこられなかったんですか。

それから、全く連絡がとれなくなりました。こちらから手紙を送っても、本人の元に届いている様子はありませんでした。季節が変われば、それに合わせて衣類を送りましたが、何の返事もありません。ただ、時々夜遅くに、健一から電話がありました。電話の内容は、私たちもオウムに入信しろというものでした。私は、どうしているのか、何をやっているのか、何度も聞きましたが、答えてはくれませんでした。

不意に、自宅に帰ってきたことが一度ありましたが、今までの健一とは違って、ほとんど口をきかず、泊まっていけというのに、蕎麦《そば》だけを食べて夜更けに出ていきました。

その後電話もかかってこなくなり、しばらくした八九年十一月、坂本弁護士一家の事件が起こったのです。弁護士さんの一家が突然いなくなったという事件で、その自宅に、オウム信者の付けるバッジが落ちていたということが報道されました。オウムがやったのかもしれないと思っていました。

健一も同じバッジを付けていました。ますます健一のことが心配になりましたが、私たちには打つ手が何もありませんでした。

――息子さんの裁判は傍聴されましたか。

健一の公判は、必ず毎回傍聴してきました。弁護士さんの申立てで、親として証人にも立ちました。そのとき、弁護士さんから「どうして被告人はこのような罪を犯すことになったと思いますか」と聞かれて、「運が悪かったと思います」と答えてしまいました。このような答をしてしまったことについて、被害者、被害者の遺族の皆さんには、大変申し訳ないと思っています。

本当に運が悪かったのは、被害者、遺族の皆様なのですから。それでも息子が麻原の本と出会ってさえいなければ、という思いがあって、そんな浅はかな言葉になってしまったのです。被害者、遺族の皆さんには重ねてお詫《わ》びをしたいと思います。

ステーキ

黒マントにつぎはぎ顔の無免許医師が、高額な治療費を取り、次々に難病を癒《いや》していく。七〇年代から八〇年代の初めに少年漫画雑誌に連載された手塚治虫《てづかおさむ》の漫画『ブラック・ジャック』の主人公である。中川智正《なかがわともまさ》青年はこの漫画に惹《ひ》かれ、医師を目指す。特別優秀だったわけではないと親は言うが、一浪して入った京都府立医科大を八八年に卒業、医師の免許を得る。その六月には、大阪鉄道病院の研修医となり、消化器内科に配属される。

彼の夢はかなったかにみえた。しかし、その一年五か月後彼は坂本弁護士一家の殺害の実行犯となり、さらに地下鉄・松本両サリン事件でサリンの製造や散布に関わるに至る。彼は実に、未遂を含む十一件のオウム関連殺人事件に加わっている。順調そのものの人生を歩みだしたようにみえた彼を、何が豹変《ひょうへん》させたのだろう。

（サリン製造犯中川智正の母・地下鉄サリン事件当時五十九歳の証言）

——地下鉄サリンのことはどう記憶しておられますか。

地下鉄サリン事件の起きた朝は、自宅でテレビをつけたまま家事をしていました。そのころは夫が今までやっていた洋服の販売店を閉めて、勤めに出ていて、私は専業主婦です。家事をしながらテレビのNHKを見ていましたら、急に臨時ニュースが流れました。

東京の地下鉄の駅で、何か爆発のようなことが起きたということでしたが、だんだん毒ガスということになり、サリンという聞いたこともない化学兵器の名前が飛び交うようになってきました。そして、毒ガスを撒《ま》いたのは、オウムではないかという観測も聞かれるようになりました。

智正はオウムに入っていました。それでもまさかテレビが放送しているこの事件に智正が関わっているとは思いませんでした。あの息子がやるわけがないからです。

——智正さんはどんなお子さんでしたか。

智正は四人兄弟の長男として育ちました。弟が一人妹が二人いましたが、弟や妹たちをかわいがっていました。特に下の妹はそうでした。祖母には大変かわいがられていましたし、智正のほうも、祖母を慕っていました。その祖母が、智正が大学二年のときに他界しましたが、智正は帰宅すると必ず祖母のために仏壇に手を合わせていました。どんなに遅く帰ってもそうしていたのです。

穏やかで、何をするにも友達と一緒に行動するのが好きな子でした。ですから、中学時代高校時代を通じて、私の家には仲のよい友人が学校帰りに立ち寄り、食事をしたりおやつを食べたりすることもありました。智正も、人間同士の付き合いが何よりも楽しいという様子で、学生生活を送っていました。

その智正がK子さんとお付き合いするようになったのは、京都府立医大に進んで京都に下宿してからのことです。看護学校に通っていた娘さんで、一度私どもの家にも連れてきましたが、大変礼儀の正しいしっかりとした気配りのできる人でした。智正も「このひと学校で成績トップなんや」と自慢げに言っていました。私は、将来こんな人が智正の嫁になってくれたらいいな、と思っていました。

――智正さんがオウムに出家するきっかけは？

智正が、卒業間際になって私どもの家に寄ったときです。「面白い本があるから読んでみたら」と珍しく私に本を勧めました。髭面《ひげづら》の太った男が足をアグラのように組んで宙を飛んでいるように見える写真が表紙になった本です。そのときには全く世間には知られていませんでしたが、オウム真理教という新興宗教の教祖が超能力について書いたものでした。ほかにも同じようなものを十冊くらい持ってきていました。今まで、そんなものを軽々しく信じる子ではなかったので、驚きました。

私たちもオウムに入れようとしているのだと分かり、私は「大事なときだから、そんなのに騙《だま》されてはいけんよう」と言ってやりました。すると、「それなら、今目の前で飛んで見せる」と言って、妙な形に足を組むと、床から飛ぼうとするのです。この子は気が違ってしまったのかと、思わず涙が出ました。
その年の夏には、出家をすると言いだして、私や主人と言い合いになりました。そのときには、K子さんも入信していたらしく、智正と一緒に出家すると言っていました。そこで、K子さんのご両親にも連絡をとりました。ご両親ももちろん出家に反対でしたが、どう説得しても二人を止めることはできませんでした。そのときK子さんが「私が一緒に行って、これはイケナイと思ったら必ず一緒に帰ってきますから」とキッパリ私たちの目を見て言いました。私たちにはこの言葉にすがるしかすべはありませんでした。それに、智正を止めてもK子さんは出家する。一人だけ行かすわけにはいかないという思いが生じていました。

――出家するのを見送られたのですか。

八月三十一日、新幹線で出家する智正を新大阪《しんおおさか》まで見送りに行きました。駅の近くのファミリーレストランで夕食をとりました。私はハンバーグ・ライスを、智正はステーキを食べました。オウムでは「命を大切にしているので、肉食は禁じられている」と聞いていましたので、このとき美味《お》しそうにステーキをほおばっている智正の口元を見て、(やはり、肉が好きなんやなあ。これならきっと帰ってきてくれる)と念じるように思ったことを憶《おぼ》えています。
ですが、この食事が親子でとった最後の夕食となってしまいました。その後、「広島に行くついで」と言って、二回家に寄りましたが、私たちを入信させろと言われたためのようでした。優しかった智正の目がだんだんきつくなっていきました。

――心配な日々が続いたでしょうね。

はい。智正がオウムの富士宮総本部に出家した翌年、八九年十月に、サンデー毎日が「オウム真理教の狂気」という見出しで、オウムの実態を暴き出す連載を始めていました。またその十一月、横浜の坂本弁護士一家がいなくなったということが大きく報じられました。弁護士夫妻と一歳のお子さんまで、神隠しのように消えたという大変な事件です。

その坂本という弁護士さんが、オウムから子供を取り返そうとしている家族の弁護をなさっていたということですし、現場のお宅にはオウム信者が胸に付けるバッジ、プルシャというそうですが、それが落ちていたのですから、オウムがやったのではないかという見方が出たのは当然だと思います。

まさか智正が坂本弁護士一家事件の犯人の一人だとは思いませんでした。でもその事件以来というもの、教団にいる智正たちのことが心配で、一日とて気の休まることはありませんでした。毎日テレビを見て、オウムのことが報じられると、画面に釘付《くぎづ》けになっていました。

九五年になり、一月十七日に阪神《はんしん》・淡路《あわじ》大震災が起こりましたが、震災の報道よりもオウムの報道のほうに目がいってしまったほどです。三月二十日に地下鉄サリン事件が起き、二十二日になって山梨にあるオウムの施設に大規模な強制捜査がされました。中からは、化学兵器製造施設なども見つかりました。私は、これで智正も解って帰ってくると思ったのです。

――智正さんが地下鉄サリン事件に関わっていることが分かったのは?

その数日後に、地元の山陽新聞の若い男性の記者さんが私どもの家に取材におみえになって、実は智正がオウムでサリンの製造に関わっていると言うんです。私は「そんなはずはないです!」と叫んでしまいました。でも、情報ではそうだと。「それは間違いです。そんなことするはずがない」。私は、泣きだしてしまいました。すると記者さんは「まだ確実というわけではないんです。まだ、書くと決まってるわけではないんです」と慰めるように言ってくれました。

その数日後に、次男からFOCUS(八一年に新潮社から出版された写真週刊誌の草分け。○一年八月休刊)という雑誌を見せられました。「サリン製造」というタイトルの下に、智正の写真が大きく載っていました。こんな報道をして、雑誌社は責任を取ってくれるのか、と憤りを感じました。でも、こんな状態になっているのに、智正は帰ってこず、何の連絡もありません。智正が逃亡しているとの報道は本当なのかもしれない。逃げているのだとすれば、それだけのことをしているのかもしれない、と思うようになりました。テレビでも、智正がオウムでは「法皇内庁長官」の地位にあって、サリン製造に当たったことなどが克明に報道されました。これは認めざるを得ない、と思ったのはそのときです。でも、あの智正がなぜ、という疑問は今でも解けません。

——裁判は傍聴されましたか。

公判はほとんど傍聴しています。智正が罪を認めてくれたことはよかったと思います。死刑の判決のときも法廷にいましたが、智正がしたことを考えれば、当然だと思います。智正は私にとってはかけがえのない息子ですが、そういう家族にとってかけがえのない人々を、何の罪もない人々を、智正はたくさん殺し、傷つけたのです。死刑による死には道理があります。でも、地下鉄サリンで死んだ人の死、坂本弁護士ご一家の死には何の道理もありません。被害者、ご遺族の皆さんの無念を自分がどれだけ理解しているのかをいつも心に問い直しています。智正はまだ生きています。智正の死刑が執行されたとき、愛する者を失ったご遺族の方々の気持ちに少しは近づけるだろうと思っています。

恐ろしき事なす時の我が顔を見たはずの月今夜も静《さや》けし

中川智正が獄中で詠んだ短歌である。

第六章　出　家

ヨガサークル

オウムへの入信は、大学時代が最も多い。社会生活に慣れていない学生。それも親から自立した視点を持つようになった純朴な大学生が、ようするに、ハマってしまうのだろう。

その変化は突然にやってくる。

そのオウムの出家制度には「シヴァ神及び尊師である麻原に生涯にわたって心身と自己の財産をゆだね、肉親、友人、知人などとの一切の接触など現世における一切の関わりを絶つこと」と定められている。

出家の際には、「出家中は教団に一切迷惑をかけない。親族とは絶縁する。損害を与えた場合には一切の責任を取る。すべての遺産、財産は教団に寄贈する。葬儀等は尊師が執り行う。事故等で意識不明となったときはその処置を尊師に任す。慰謝料、損害金もすべて尊師に任す」、という内容の誓約書を差し入れさせていた。

（大高公一朗《おおたかこういちろう》〈仮名〉・元オウム真理教出家信者・地下鉄サリン事件当時二十三歳の証言）

――地下鉄サリン事件はどこで知りましたか。

地下鉄サリン事件が起きた当時、教団内では、近々教団に大規模な捜査が入るという情報が入っていて、その捜査で連れていかれないよう、子供をはじめ、親から捜索願が出されている可能性のある一部の信者を大型バスに乗せ、関東エリアの高速バスのパーキングなどで寝泊まりさせていました。

親子で出家している者が中心でしたが、私の乗ったバスには、菊地直子《きくちなおこ》（後に爆弾製造に関与していたとして起訴されたが無罪）が乗っていました。私は当時成人していましたから、その中では少し例外だったかもしれません。

私は、サービスエリアでトイレ休憩のときに、休憩所で売っている新聞を見て地下鉄の事件を知ったんです。

それでも私は、この事件に教団が関係しているとは少しも思いませんでした。逆に、オウムは攻撃されているほうだと思っていました。

――オウムに入信して出家した経過をお話しください。

中学生ごろから近所のヨガサークルに通っていましたが、その教室にはどうも飽き足らない感じがありました。そのとき渋谷の大きな書店で見つけた、麻原彰晃の書いた『生死を超える』を読みました。

ヨガには呼吸法がつき物ですが、麻原の本にある呼吸法は、一般的なものを発展させた激しいものがたくさんありましたし、修行によって神秘的な体験もできる、それによって高いステージに上がれるということに強い魅力を感じました。

特に、解脱の域に達することができるという、クンダリニーの覚醒《かくせい》は、ぜひ体験してみたいと思ったものです。

私がオウムに入信したのは、一九八八年二月で、出家したのは八九年十月のことです。入信もですが、出家には周りから強い反対がありました。父母はもちろん学校の先生や友人まで反対しました。

それでも私は、世界の破滅が近いという麻原の予言を信じていましたから、早く本格的な修行に入りたかったのです。大学に興味はなかったですし、オウムには大学以上のものがあると思っていました。あの時代はノストラダムスの予言もあり、世紀末の破滅を信じていた人も少なからずいたと思います。私もその一人でした。

——神秘体験についてお話しください。

神秘体験は、ツァンダリーという瞑想《めいそう》と激しい呼吸法を合わせた修行などを行うのが普通です。今なら、こういう方法をとったときに、脳が低酸素状態になって意識が変容し、幻覚を見ることがあるという考え方もあるのを知っていますが、当時は、神秘体験は本物だと思っていました。

クンダリニーの覚醒についていえば、私はその直前までいったことがあります。それは、尾てい骨から熱いエネルギーがゆっくりと背骨に沿って身体を上昇して腰の位置まで来ると、ちょうどへその裏ぐらいのところで止まりました。このエネルギーが頭頂へ抜けるようになれば、「覚醒」したことになるのです。

クンダリニーの体験はほとんどの出家者がやっていましたが、なかなか「覚醒」まではいかなかったようです。

――麻原の言うことが変わってきたことを感じましたか。

私が出家をした八九年ごろから、ハルマゲドンのことをしきりに言うようになりました。

説法で、人類滅亡直前に最終戦争が起こる、オウムに入ってない者は滅び、オウムのみが生き残るというのです。

翌年二月には、衆議院選挙に麻原自身も、オウムの幹部も大量に立候補させます。麻原は本当にこの選挙で勝てると思っていたようです。でも、周りの幹部はどうだったか分かりません。

この選挙で惨敗してから、麻原の説法がだんだん過激になってきました。説法は、富士宮の本部にある人穴の道場で行われることが多かったですが、ここでは三百人ぐらいが説法を聞くことができました。

説法では、この世で悪行をつむものは、それ以上の悪行をつまないためにポアすれば、その人を救済することになるということを言いだしました。ポアとは高い世界に生まれ変わらせることです。

言葉を見れば過激に受け取られるかもしれませんが、まさか自分たちが刃物を持って殺しに行くわけはないと思っていましたので、自分たちの手でそれを本当にやるとは考えませんでした。麻原以外が殺すカルマを背負うことはできないと説法でも言っていました。幹部であってもそう思っていたのではないでしょうか。

――あなたは教団ではどのようなところで働いていたのですか。

郵政省です。上司は、郵政大臣の麻原の妻松本知子でした。その下に四人ほどの次官がいて、私はその下で中堅どころでした。郵政省というのは、教団の宣伝物を作るところです。松本知子からは評価されていたと思います。

郵政省は静岡の富士宮の本部と上九一色村の第一サティアンにあり、私はそこにいました。

一時、私が郵政省から科学技術省に移る話があったのですが、結局沙汰《さた》やみとなりました。もしあのとき、科学技術省に行っていれば、と思うとぞっとします。

――教団が強制捜査を受けたことをどう受け止めましたか。

教団に大掛かりな捜査が入り、教団が事件に関わっていたことが分かってきたようですが、私たち信者は、外部の情報をほとんど見ませんし、見ることは望ましくないとされていましたので、そういったことは分かりませんでした。

確かに、強制捜査の結果、現場から銃が出てきたということを聞いて、教団の誰かがやっていたのかもしれないと思いました。

麻原逮捕については、来るべきものが来たということで、私自身は淡々と受け入れました。

その後、オウムに解散命令が出されたりしましたが、そのことより私たち一般の信者が考えていたことは、教団への破防法の適用でした。これが適用されれば、共同生活ができなくなるからです。

――信者はなぜやめないのでしょうか。

多くの信者にとって脱会の障害になっていることは、脱会すれば死後の輪廻《りんね》転生において地獄などの苦しみの生に生まれ変わることです。また、ポアの話を何度も聞いていましたから、サリン事件などの教団の犯行について、麻原の考える救済という「深いお考え」に基づくものなのかもしれないので、麻原の教えが問違っていたかどうかの判断がつかないということもあると思います。

――その後、どうして生活していたのですか。

二〇〇〇年春から教団は、アレフに名前を変えました。このころは、東京のほうで印刷工場を作って外注を受けていました。私は主に、その営業関係をやっていました。その後は、パソコンを売ったりして食いつないできました。もちろん共同生活です。そのころは仕事が順調だったので生活はできていました。

こうして営業をやっていくとき、教団内のステージが高ければ現世での仕事でも力を発揮できるという教えが教団にありました。しかし、幹部は、少し仕事をしたら「カルマを受けた」と言ってすぐに仕事をしなくなります。また、幹部たちは人の批判をするのが好きです。来世が現世の延長という教団の教えが真実なら、ろくに仕事もできず人の批判が好きな人が来世で一般人より高い世界に行くことはないと思っています。

徐々に教団に対して嫌気がさし、そのうちに私もマインドコントロールが解けたのだと思います。麻原に対する特別の思いも消えていました。

こうして、〇一年六月に、すでに出所していた上祐氏と代表役員で元車両省大臣の野《の》田成人《だなるひと》氏にメールを送って脱会しました。教団にいたときに取得した資格を生かして、今は充実した生活を送っています。

気づかなかったとはいえ、このような教団の広報をする一員であったことを申し訳なく思っています。

ダライ・ラマ

一度入信、出家した信者を取り返すことは容易ではない。それだけでなく、幸い取り戻したと喜んだ途端、脱会者とその肉親は教団の攻撃の的となる。

（永岡弘行《ひろゆき》・オウム真理教家族の会会長・地下鉄サリン事件当時五十六歳の証言）

――オウム真理教との関わりを持ったのは、息子さんが入信されたことからですね。

そうです。息子は、もともと宗教、特に仏教に関心があって、八七年に大正大学仏教学部に入学して、梵《ぼん》文学、インド哲学を専攻しています。

息子は子供のときから体があまり強いほうではなかったので、読書が好きでした。読書好きの結果が、宗教への関心につながったかもしれません。ともかく優しい、友達思いの子でした。

でも大学に入ってしばらくして、息子の部屋に入ったときに、麻原の書いた本が何冊かあって。『生死を超える』とか『超能力「秘密の開発法」』とかいう本です。麻原が空中に飛び上がってる写真なんかが入っている本ですね。髪の毛は逆立っていますし、どう見ても空中に浮いているようには見えません。何とかして飛び上がったところを、高速度撮影したように見えるんですが。で、本の中身を見てみると、宗教の本にしては、やけに話が「わかりやすい」。要するに単純なんですね。

でもそのときには、入信していたんです。本から入って、教団の道場に訪ねていったというパターンです。

はっきりしたのは八七年暮れですか。正月休み、オウムが泊まりがけで開くセミナーに行くというんです。神奈川県の丹沢《たんざわ》で行われたセミナーです。

もちろん、やめるように説得はしたんですが、何を言っても聞かない。帰ってくると、夜昼逆にしたような生活はしますし、ごみは捨てない。外出するときに鍵《かぎ》をかけない。オウムというのは、信者と家族の間に溝ができるように仕向けているのだとしか思えません。ついには、親子の縁を切って出家したいので、百二十万円を生前贈与してくれと言って、土下座までするような有様です。

——坂本弁護士の指導で被害者の会を立ち上げられましたね。

八九年八月には、息子がほかの信者の住んでいるところに、一緒に住み始めたのです。帰ってこなくなりました。「オウム真理教被害者の会」を立ち上げたのはそれがきっかけです。この会はその後「オウム真理教家族の会」という名前になります。

オウムに家族を取られてしまった人の相談に横浜の坂本堤弁護士がのっていて、坂本先生のご指導があってこの会は結成されました。八九年十月二十一日のことです。私が会の代表を務めることになりました。その年の十月二十八日に初めての総会を開きました。その結果、オウム真理教に対して、公開質問状を出すことになったんです。質問状は十一月一日に送りました。内容は、蓮華座《れんげざ》を組んだまま空中に浮かぶ空中浮揚を公開して実演するように、などと求めたものです。

坂本弁護士一家の事件はその直後に起こりました。坂本先生は、年内にもう一度総会を開きたいと言っておられたのですから、もちろん大きなショックを受けました。私たちの会は、入会した子供たちの取り戻しが目標でしたが、坂本先生ご一家を取り戻すことが緊急の課題になりました。

――その後息子さんはどうされたのですか。

その翌年に息子を取り戻すチャンスがやってきました。

九〇年二月に衆議院選挙がありました。オウムは東京とその近県に候補者を立てたわけです。この選挙運動が、信徒にとってもつらかったようです。息子はついていけないと、その一月に脱会の意思で自宅に帰ってきました。でも、なかなか脱会の通知は出しません。

そこで、息子が麻原の言うことを信じるのはなぜか、じっくり聞いてみたのです。そうすると、「それは、ノーベル平和賞も受けているあのダライ・ラマ法王が、麻原のことを最終解脱者としてみとめて絶賛しているから」と言うんですよ。

確かそういう宣伝はしていたようです。そこで私は言ったんです。「それでは、ダライ・ラマ法王に会って、それは本当か確かめてみようじゃあないか」と。で、実際私と妻と江川紹子《えがわしょうこ》さん、それと福田文昭《ふくだふみあき》カメラマンとで、息子を連れてインドの奥地に住むダライ・ラマに会いに行きました。その結果麻原の自己宣伝がウソだったことが分かるわけです。江川さんたちがご一緒してくださったのは、このウソを公表すること、ほかの信者の人にも目覚めてもらおうということもあります。

このウソが分かって、息子の表情がすっかり変わりました。行くときの険しい顔が、すっきりした素の笑顔になったのです。元の息子を取り戻せて、こんなに嬉《うれ》しいことはありませんでした。あのとき取り戻していなかったらと思うとぞっとします。

——そのあと、オウムからの攻撃が始まったんですね。

そこから私と息子はオウムの攻撃対象になりました。松本と東京の地下鉄で撒《ま》かれたのはサリンですが、私が襲われたのはそれよりもはるかに毒性が高いといわれているVXというものです。

そして地下鉄サリン事件は九五年三月ですが、私が襲われたのはその年の一月のことです。麻原の命を受けた実行犯が、大晦日《おおみそか》から私の自宅周辺に潜んで、私か息子かどちらかを猛毒VXで殺そうとしていたことがその後の調べで分かっています。

一月四日の午前十時ごろでしょうか、私の記憶は、自宅の近くにある郵便ポストに、年賀状を投函《とうかん》しようとしたところで途切れています。記憶が戻るのは五日後、東京信濃《しなの》町《まち》にある慶應病院の集中治療室です。

妻からその間のことを聞いてびっくりしました。私は年賀状を投函したあと、自力で帰ってきて、しばらく家事をしてから家内に「今日は何か暗いね」と言ったそうです。VXによる縮瞳《しゅくどう》が始まっていたんですね。

そのあと、「うおー」と大きな呻《うめ》き声を発しながら部屋を這《は》いずり硬直して倒れました。

結局救急車で慶應病院に行くんですが、救急部では二度心肺停止になって、蘇生《そせい》はしましたけれども、「九十九％無理でしょう。残る一％は、植物人間です」と言われたそうです。

私の兄などは、葬式の準備をしなければならないかとまで考えていました。夕方に集中治療室に移されました。そこで、何とか危機を脱することができたんです。回復できたのは、ほんとに奇跡的なことでした。

警察は犯人の自白までこの事件を私の自殺未遂事件として片付けていました。私には自殺の動機は断じてありませんでした。

第七章　ケア

検診1

二〇一二年六月三日に逮捕された菊地直子のニュースが列島を覆っていたその翌日夕。四谷《よつや》の聖イグナチオ教会で偉大な医師の通夜が行われた。
医師の名はマルコ・南正康《みなみまさやす》、享年七十四歳。その天に召される顔は安らかだった。

（磯貝陽悟・ジャーナリスト・地下鉄サリン事件当時四十九歳、二〇年一月逝去、の証言）

――南先生との出会いは？

私は地下鉄サリン事件当時、テレビ朝日「オウム真理教事件特捜班」で特集番組を何本か手がけました。そのときに取材対象だったのが、当時五十七歳の南正康先生だったのです。

日本医科大の衛生学教室の教授だった南先生は、事件発生直後から、文京区《ぶんきょう》にある日医大付属病院に収容された三十数名の被害者の採血と採尿を定期的に行っていました。その目的は、被曝《ひばく》者のがん発症率増加の有無、遺伝子の奇形性増減のチェック、そして様々な後遺症への対応等を視野に入れた地道ながらとても先見的で的を射たものでした。今にしてますますその感を強くします。

南先生が最も注目したのが遺伝子の変異性でした。サリン被害者の変異性は健常者と比較すると高い率で出現しているというのです。この件で南先生は、被害者に無用の不安を与えないように最善の配慮をしながらメディアにも発信をしています。

──南先生はどんな方で、どんな役割を果たされたのですか。

取材対象としての南先生はなかなかの難物で、私たちメディアに対して強い不信感を持っていました。

「興味本位の取材じゃなくて、この事件を二十年追い続ける気があるのか！」

この批判を私は真っ向から受けて立つことにしました。

「私はやりますよ。その代わり、そう言った以上先生も手を貸してください」

このとき、南先生の目元が少しやわらかくなりました。このときのやり取りが、その後二十年にわたって続く、サリン被害者の定期検診につながったのです。

そんな折、サリンの被害者を医学的側面から研究し、サポートしていこうという思いに駆られた医師たちが、南先生の周囲に自然発生的に集い始めました。

東京大学医学部附属病院救急部の前川和彦《まえかわかずひこ》部長、聖路加国際病院精神科中野《なかの》幹三《かんぞう》医長等がその筆頭です。この集団は「サリン研究会」と名付けられました。南先生を中心的発言者とするこの研究会は、日本中の名立たる大学や病院の医師三十数名が結集するものとなりました。

この自発的医師団体の役割は二つありました。一つは被害実態を検証するための調査、そしてもう一つが、被害者のいまだに不具合を抱えたままの症状を、少しでも和らげるための検診でした。南先生は調査よりも被害者が待ち望む検診体制の確立を強く主張しました。

「頭痛、動悸《どうき》、めまい、目の不具合、悪夢、無気力などの症状を少しでも緩和してあげるのが医者の任務です」

そう言って譲らなかったんです。私が望んでいたのもまさに専門の医師による、被害者に対する継続的な診療体制の確保でした。私は、南先生のこの志に全面的に協力することにしました。

——被害者の定期検診の体制はどのように作られていったのですか。

一言で検診といっても、都内二百二十五か所に分散収容された被害者をどう集め、何をケアしていくのかが、当初は絞りきれませんでした。私は、仲間のボランティアのメンバー、知り合いのオウム事件被害者救済に関わる弁護士と一緒になり、検診の体制作りのためにあちこちを駆け回りました。

まず、被害者の名簿作成が「サリン事件等共助基金」の協力でなされました。この基金は、すでに破産していたオウム真理教の破産管財人だった故阿部三郎《あべさぶろう》弁護士が創設したものです。基金は主に被害者への経済的援助に当てられていました。それを定期検診実施のために使えるようにしてくださったのです。

検診会場も都内ほか三か所で合計六日間。検診実施施設として、越谷《こしがや》、足立、四谷（のちに渋谷に移転）の各保健施設が確保されました。

地下鉄サリン事件の翌九六年に始まったこの検診は、NPO法人R・S・Cに引き継がれます。この詳細は、山城洋子さんがお話しになるでしょう。

――検診の中で南先生の果たした役割を話してください。

この検診ボランティアに毎年欠かさず皆勤賞で協力してくれたのが南先生でした。身体問診と採血と採尿での検査結果を点検し、被害者の一人一人の症状に応じた指導内容を自筆で書き込み、時には心電図での異常者に、日医大病院での精密検査の紹介状も書いてくれていましたし、生活習慣病の食事指導までも時間一杯に詳しく教えていました。

南先生が最後に最も気にかけていたのが「発がん」の危険性です。

「サリン被害者の発がん指標が高いといえるか、がんの潜伏期間として十五年から二十年は見続けていかないとならんな。俺はまだまだ死ねんよ」

地下鉄サリン事件から七年目に、被害者の方々の共通的後遺症である「極端な疲れ」

に注目し、メラトニンの検証を続ける中で「おい！　光明が見え始めたぞ！　でもまだ時間がかかるけどな」と目を輝かせていました。この疲労の原因物質究明の執念も終生変わりませんでした。

突然心不全で逝ってしまった南先生の視点と心意気は誰かが必ず継いでいくことになるでしょう。戦中派には珍しい百八十五センチの長軀《ちょうく》を折り曲げて、必要なところであればどこにでもこまめに顔を出すあの姿は、研究者や医者の立場を超えてサリン被害者六千数百人の心の中に住み続けていくでしょう。

検診2

大規模被災の被害が一過性でなく、PTSDなど多彩な症状が中長期にわたって、あるいは慢性的に続くことについて、最近では理解が進んできている。しかし、二十年前にはそうした理解は十分だったわけではない。そのような時代に南氏や磯貝氏が二十年先を念頭において、民間での被害者検診を立ち上げた意義は大きい。

四十六歳の証言）
（山城洋子・NPO法人リカバリー・サポート・センター職員・地下鉄サリン事件当時

――地下鉄サリン事件はどんなときにお知りになりましたか。

事件当時は新宿の高層ビル街にある保険会社に、新人教育係として勤めていました。事件の起きた朝は、社内ではテレビもつけていませんでしたから、私のいたフロアーでは誰も事件に気づいてはいませんでした。

外から帰ってきた女性社員が緊張した様子で「地下鉄で爆発があったようです。出ないほうがいいですよ」と大声で伝えてくれたのは、午前十時半ごろのことです。テレビをつけて皆で驚きました。画面には、地下鉄駅の周辺が映されていて、防護服を着た警察官や救急隊員が慌ただしく行きかっていました。倒れている人たちもいました。重大な事件が起きていると分かり、「地下鉄の利用はやめよう」と、お互いに確認しました。

この事件がオウムによる無差別テロであることが分かったのはそのあとのことです。

――サリン被害者を支援するボランティアになったきっかけをお話しください。

事件から六年たった春、私の兄の大学時代の友人で、私も顔見知りのジャーナリスト、磯貝陽悟さんから「頼みたいことがある」と連絡があり新宿の喫茶店で会いました。磯貝さんが仲間と今立ち上げようとしているNPO法人の話でした。

そのNPO法人というのが、松本・地下鉄両サリン事件で後遺症を抱えている被害者のサポートをするというもので、私にその職員をしてほしいというのです。後遺症を抱えている人が多数いて、そのケアをしているのは、磯貝さんのグループだけ。そのグループの中には良心的な医師もいるとのことでした。

私も一市民としてこの事件に関心を持っていましたが、まさかこの事件の被害者と関わりを持つなどということは考えてもみませんでした。それに、多数の死者や重症者を出したことは知っていても、被害者の方が後遺症を抱えたまま放置されているということは驚きでした。

有意義な仕事であることは磯貝さんの話からも理解できます。

その当時、自分の職場での仕事はやり尽くした感がありました。わずかな戸惑いはありましたが、結局新しい仕事をお引き受けすることにしました。

実は私の父母が神戸《こうべ》市三宮《さんのみや》に住んでいて、地下鉄サリン事件の約二か月前の九五年一月十七日に起きた阪神・淡路大震災に被災していたのです。安否確認だけでも三日かかりました。

父母が七階に住んでいた十二階建てのアパートは半壊し、惨めな姿をさらしていました。住めるところを探すのが精一杯。そんなときに、リュックを担いで被災地に駆けつけてくれたボランティアの人たちの支援にどれだけ助けられたかしれません。どれだけ勇気づけられたかしれません。

それから六年たったそのとき、私の背中を押してくれたのは、このボランティアの人々に恩返ししたいという思いだったのです。

――サリン被害者のサポートは順調にいったのですか。

被害者のサポートをするために、磯貝さんたちがやってきたサポート・グループをNPO法人にすることが最初の大きな仕事でした。

NPO法人の設立には都知事の認可が必要です。その準備が二〇〇一年秋から始まり、翌年三月二十日付で認証手続きは完了しました。磯貝さんは事務局長につきました。NPO法人の名称は「リカバリー・サポート・センター」略称R・S・Cと決まりました。

定款には「犯罪、事故、災害などの被害者支援が目的」とされていますが、活動のほとんどは、サリン事件の被害者支援に向けられています。

その主な仕事は、サリン事件の被害者に一年に一回、三か所で健康診断を実施することです。この健康診断は、地下鉄サリン事件の翌年から、磯貝さんと聖路加国際病院のメンバーを含む有志によって続けられてきたのですが、その活動はいろいろ難しい問題を抱えていました。

一つには被害者との信頼関係を作ることの難しさです。二つ目は検診を行う会場を確保することです。三つ目は、検診を行う人材の確保です。四つ目は、運営を継続させるための財源を確保することです。

NPO法人の設立は、このすべての困難を乗り越えるために効果的な役割を果たしました。

特に効果的だったのは、会場の確保。現在検診の実施会場は、越谷市保健センター、足立区中央本町《ちゅうおうほんちょう》保健総合センター、渋谷区区有施設リフレッシュ氷川《ひかわ》（四谷から移転）の三か所ですが、自治体と交渉して継続的に無料で会場が確保できるのも、NPO法人としたことの効果が大きいと思います。

土日にそうした施設を貸してもらうことは難しいことなのですが、サリン被害者の後遺症ケア支援のためということで、貸していただいています。

もう一つ大きかったのは財源の確保でしょう。例えば一三年にお受けできたご寄付の総額は約七百万円になります。これはNPO法人になる前から磯貝さんたちが継続してきた検診の実績によるところも多いと思いますが、知事から認可を受けてNPO法人となってから、ご寄付の額がはっきり増えています。

このご寄付のおかげで、小さいながらも新宿御苑の近くに事務所を構え、専従の職員を一人、つまり私ですが、雇用しています。

こうしたことがあって、ボランティア精神にあふれた有能な人材も確保できるようになりました。問診していただく医師や看護師、臨床検査技師、カウンセラー、セラピストなどの専門職を集めることができました。

ボランティアもたくさん参加してくれました。検診では、心電図、尿検査、問診、カウンセリングのほか、アロマテラピー、鍼灸《しんきゅう》などの施術も希望に応じ受けられることになっています。セルフケアの講座も開かれます。

こうしたことの全部が被害者の皆さんとの信頼の絆《きずな》を強いものにします。

検診に来られる方の数は、年平均百五十人。現在まで延べ約二千七百人が検診を受けておられます。また、検診のお知らせと同時に、被害者の皆さん千三百人を対象にアンケートを実施しています。

これによって、検診に来られない方の健康状態についてもデータが集まります。

――被害者の症状はどのようなものが多いのですか。

R・S・Cが実施している検診やアンケート調査の結果や、サリン被害者の方々の訴えている症状の内容は年ごとにまとめられています。検診の終わった一三年でみますと、症状の多くが目に現れていて、「目が疲れやすい」(六十・二%)「かすんで見えにくい」(四十九・四%)「焦点が合わせにくい」(四十八・二%)などが目立っています。また精神的な面でみますと、まだ二十一・七%の人が「事件のことは避ける」、十五・七%の人が「現場に近づけない」、八・四%の人が「怖くてたまらない」、十八・一%の人が「胸が締めつけられる」などと訴えておられます。そのほかでは、「体がだるい」(三十八・六%)「体が疲れやすい」(四十五・八%)「めまいがする」(二十四・一%)「眠れない」(二十・五%)「気力がなく憂鬱《ゆううつ》」(三十三・七%)などのように、医学上は不定愁訴というところに分類されるものも多くあります。

このように、事件から二十年近くがたっても、被害者の皆さんの症状は大きな改善をみているわけではありません。それでも、皆さんが検診などを通じてそうした症状と折り合いをつけ、前向きに生きることができるようになっていらっしゃるのが分かります。そして、ここに私たちのやりがいのもとがあります。

——R・S・Cには検診以外にどんな役割がありますか。

R・S・Cのもう一つの役割は、事件を共有した被害者同士の語らいの場を作り上げることでした。その発端になったのが、〇五年三月二十日、R・S・Cの主催で行われた「メモリアルウォーキング・ケア」というイベントです。地下鉄サリン事件から十年目のこの日、R・S・Cの検診を体験した被害者の有志が、被害を受けた現場である地下鉄の沿道を歩く試みをしたのです。まだ、地下鉄に乗れない、近づけないという人も多い中での企画でした。このイベントは「十年前に倒れたあの場所に立てるか試してみたい」「亡くなられた方に花を捧《ささ》げたい」こうした被害者の素朴な声が寄り集まって実現したものです。

四十八人の被害者の方々は、その家族や医師看護師などのケアをするボランティア六十二人に囲まれながら、最も多くの被害者を出した小伝馬町駅を出発し、地下鉄日比谷線の沿道を八丁堀経由で築地駅までを歩ききりました。その途中、死者が出た五つの駅で、そのご冥福《めいふく》を祈るため、地下のホームまで降り、献花をしました。地下鉄のホームに降りるのは十年ぶりという人も多かったのです。

参加者の一人はこのときの感想を「小伝馬町で献花したとき、こみ上げてきて、とてもつらい気持ちになりました。参加は今回限りにしようという心境でした。でも、最後まで行進してみて落ちついたとき、今後もできることなら参加しようと思うようになった」とおっしゃっています。

このイベントの中で、被害者の皆さんは、ほとんど初めて同じ立場の人たちとのコミュニケーションの機会を持つことになりました。

そのことについてある被害者の方は「職場では『お気の毒様』の話題でしかありませんでしたが、初めて共通の環境での話ができました」とおっしゃっています。

被害者の方々同士のふれあいの機会を作るために、その後二つのことが企画されました。

一つは検診の会場に、被害者同士がコミュニケーションをとれるスペースを設けること。もう一つは、年一回、春に被害者の方が集まって、森林浴ウォーキングをすることです。

森林浴は、R・S・Cの事務所に近い新宿御苑で実施しています。一三年までに八回実施していますが、不思議にいつも晴天で雨に降られたことはありません。

こうしたことがきっかけになって、今では被害者同士が手紙やメールをやり取りしたり、時には一緒に食事をしたりしているようです。そんな情報も、事務所にかかってくる被害者の方の電話やメールで知ることができます。

――R・S・Cの活動の経験はどう役立っていますか。

R・S・Cが蓄積してきた経験とノウハウは、ほかの様々な被害者の支援のためにも活用できるものだと思っています。

地下鉄サリン事件から十年を経た〇五年四月二十五日、JR福知山《ふくちやま》線の脱線事故が起きました。百七名の死者、五百六十二名の負傷者を出す大事故でした。事故の負傷者の人のケアを目指す「空色の会」の事務局長である三井《みつい》ハルコさんから連絡を受けたのは、一〇年秋のことです。R・S・Cの活動について知りたいとのことでした。三井さんも娘さんが事故で被害にあっていました。私は三井さんをお呼びし、一〇年の検診を視察してもらいました。私自身も下村健一《しもむらけんいち》理事とともに、三回川西《かわにし》市を訪れ、被害者同士が支え合っていくことの大切さについてお話しさせていただきました。

「空色の会」でも弁護士や臨床心理士など専門家のサポートを得て、被害者同士で語り合う集いを何度も開いていました。その中に、自分で自分をケアするセルフケアの提唱者、伊《い》藤《とう》和憲《かずのり》先生がいらっしゃいました。三井さんから紹介を受けて伊藤先生に一三年のR・S・Cの検診にお越しいただき、セルフケアについての講座を持っていただきました。心身の不具合に悩まされている被害者の皆さんには、大変好評でした。こうして「空色の会」とR・S・Cは、お互いに助け合う関係になりました。

私がR・S・Cに勤めるようになってはや十四年がたちます。はたして、阪神・淡路大震災のときに温かく被災者とその家族を支えてくれたボランティアの方々への恩返しはできたのだろうか。いつも自分の胸に問いただしています。

眼

山城氏が述べるように、サリン被害者の訴える症状は、目に関するものが多い。R・S・Cはこの訴えに対する診断を迫られる。しかし通常の眼科では対応しきれないことが分かってきた。そして行き着いたのが神経眼科だった。

（若倉雅登・眼科医・地下鉄サリン事件当時四十五歳の証言）

地下鉄サリン事件が起きたころは、北里大学の眼科で助教授をしておりました。地下鉄サリン事件を知ったのは取材の電話を受けてからでした。サリンに被曝《ひばく》した場合、目に縮瞳《しゅくどう》などの症状が出ます。これは、有機リン系の農薬を浴びてしまったときと同じことです。私たちの研究室では有機リン系の中毒の研究もしていましたので、メディアや医師会からの問い合わせに対応しました。医師会からの問い合わせは、発生現場周辺の医院に患者が運ばれてきたとか、診察を求めてきたときに、眼科的にどう対応したらよいかということを現場周辺の医院に伝えるためですね。

でも、そのときには眼科医として、後にサリンと長い付き合いになるとは考えていませんでした。サリン被曝による症状は、負傷者については一過性のもの、急性のものだろうと思い込んでいたからです。

私が後遺症の診療に関わるようになったのは、事件から七年たった〇二年春のことです。R・S・Cの現理事の磯貝陽悟氏が、当時私の属していた井上《いのうえ》眼科まで訪ねてこられました。普通の眼科的な診断では異常が見られないにもかかわらず、目が疲れる、視力が低下した、焦点が合わないといった異常を訴える被害者が多かった。そこで、私の専門の神経眼科なら、この問題を解決できるかもしれないと考えたと聞いています。

神経眼科と他の眼科には大きな違いがあります。普通の眼科は眼球を診療の対象とします。ですが、例えば目には視覚信号を認識したり、眼球を動かすという働きがあり、こうした働きは脳との共同作業なくしては成り立ちません。

この共同作業を阻害している何かがあるときには、眼球自体には異常がなくても、神経眼科的には異常があることになります。

例えば自分が見ようとするものに目を向ける、ピントを合わせる、この作業を行っているのは脳です。これを高次の視覚関連中枢といいます。神経眼科はこの視覚中枢との関係で、目の働きを見ていく専門分野といってもいいでしょう。

R・S・Cが検診を始めた初期から、目の異常を訴えている人がたくさんいるということを知って衝撃を受けました。サリンによる症状は、一過性、急性のものではなく慢性の中毒と見るべきかもしれないと思ったからです。

何とか被害者の方のお役に立ちたいということと同時に、学問的にも大いに刺激されるところがありました。サリン被害者の場合に典型的にいえることですが、私のところに来るまでは、目に障害はない、異常なしと言われてきた人がほとんどなのです。いろいろ症状を訴えても眼球のどこにも異常がなければ、すぐに眼科医は「心因性」という逃げ口を使う。「気のせい」ということですよ。これでは医学に進歩はない。現在の眼科医は、眼球に異常があるかどうかにとらわれていて、脳の果たしている役割に関心がなさすぎると思います。

井上眼科では〇二年三月から一〇年八月までに三百名以上のサリン被害者の後遺症検診に当たりました。このうち約半数は正常でしたが、残りの半数には何らかの眼科的な、また神経眼科的な異常が認められました。

でもこの異常が、サリンによるものかどうかは、判断が非常に難しい。サリン事件にあう前の眼科的、神経眼科的なデータがないわけですから。

もちろん、サリンの影響が強いと疑われる異常を抱えた人もいました。何らかの異常が認められた人百四十八人のうち、サリンの関与が十分に考えられる人が五十四人、サリンの影響が否定できない人が五十六人となっています。

サリンに被曝した被害者には急性の症状として縮瞳が起きる。普通の生活で起こる範囲を大きく超えて瞳《ひとみ》が激しく縮むわけです。これが瞳を動かす働きに後遺症を残すことはありうるでしょう。瞳というものは、明るいところに出れば縮まり、暗いところに入ると広がるように設計されている。ところが、被曝時に縮瞳を経験した人の中に、明るいところで縮まり方が強すぎ、暗いところに入っても広がらないという異常が被曝後十年たっても見られました。瞳の収縮拡散の機能に障害が起きているということです。同じ症例は十八例ありました。

水晶体の厚みを調節する毛様体筋もサリン被曝で許容範囲を超えて過剰に収縮しました。これが後遺障害につながったと考えられます。毛様体筋が設計どおり働かなくなれば、目のピント調節の働きが弱ります。この症例も検診の中で十二例あります。このようなことが、被害者の検診を続けてきた民間団体、R・S・Cとの協力で分かったわけです。

神経眼科の診察を受けていない被害者は、同じような異常に気づいても「これも年のせいかな」などと思って生活しておられるのではないでしょうか。大規模な被害者の検診をやらず、そういう異常を追跡できないようにしてしまったことについては、国に責任があると思います。マスメディアもそうです。事件直後は被害者のことについて大きく報道がされましたけれど、多くは死者、重症者、急性の症状にだけ目が向けられて、あとは犯人探しのほうに行ってしまった。これは、医療の側にもいえます。当時の救命救急医療には高い関心を持てていたけれども、その後の後遺症となると無関心になってしまいました。

これだけの化学テロを経験しているのに、急性症状についての被害データはあっても、後遺症に関するデータを国は持っていません。先進国として大変恥ずかしいことだと思います。シリアでサリンが使われたという情報がありますけれど、それが事実とすれば、日本は真っ先にサリン被曝者の医療支援を申し出るべきでしょうが、データが何もないままでは動くに動けないでしょう。こういう意味でも国の責任は大きいと思います。

アロマテラピー

サリン被害者の訴える症状には自覚症状はあるものの医学的に原因を特定することができないものがかなり含まれている。ともすると「気のせい」「年のせい」ですまされてしまうこれらの症状についてのケアには、新しい手法を取り入れることが必要とされる。

（長谷川記子《はせがわのりこ》・アロマテラピー研究家・地下鉄サリン事件当時四十歳の証言）

――事件はどこでお知りになりましたか。

事件の当日は成田《なりた》空港にいました。ハワイ旅行に行くためです。空港に着いたのは九時ごろだったでしょう。ロビーのテレビに人だかりがしていて、都内の何か所もの地下鉄駅で、爆発のような大事故が起こっていることが報道されていました。地下鉄は全線ストップ、たくさんの救急車や消防車が映っています。隊員が地下鉄の出口にうずくまっている人を車両に運んだり、地下鉄の駅のほうに降りていくという、混乱した姿が見えました。

――どんなお仕事をなさっていますか。

事件から五年がたったころのことですが、私は薬剤師として、がん患者の心身のケアに医療向けのアロマテラピーを施す取り組みについての活動をしていました。がん患者はがん自体の痛みのほか、恐怖、倦怠感《けんたい》、落ち込み、悲しみなど様々な心身の苦痛を経験します。緩和ケアというのは、がんと診断されたときから終末までを対象とする、患者の心身の苦痛を和らげるためのケアをいいます。

二〇〇一年秋、日本赤十字社医療センターの緩和ケア専門医の秋山修《あきやまおさむ》先生や私などが発起人となって日本赤十字社医療センター内にアロマテラピー研究会が設立され、例会が月一回開かれることになりました。

――サリン事件とはどうして関わることになったのでしょう。

設立から何年かたって、毒物学者の黒岩幸雄《くろいわゆきお》先生（189頁以下参照）が例会に講師で来られ「精油毒性」という演題で講演をされました。精油というのはエッセンシャルオイルとも呼ばれアロマテラピーの主役です。精油を揮発させて芳香とともに吸引する、またはキャリアオイルという植物油で百倍程度に希釈して皮膚に塗布する、などが代表的な使い方です。では精油を普通の薬のように経口投与したらどうでしょう。これは大変です。食道や胃の粘膜が損傷する危険性があります。精油を原液のまま用いる場合、粘膜のように浸透が急に進むところは医療の専門家の指示がない限り避けるべきです。

黒岩先生は毒物学の権威ですので、精油がそのように毒性を発する仕組みについてお話しいただいたのです。

お話が終わったあとに黒岩先生が理事をなさっているR・S・Cの健康診断にアロマテラピーを取り入れたいので協力してもらえないか、という話が出ました。

私たちの研究会の仲間は、がん患者の緩和ケアについての研究と、ボランティアとしての臨床的な施術をしてきました。ですが、アロマの効用はがん患者に限らず、犯罪被害によって心身に苦痛を抱いている人にももちろん有効と思っていましたので、ぜひお役に立ちたいと思いました。早速黒岩先生のほうからアロマ研究会に申入書を提出していただきました。

研究会では「実施する」に圧倒的多数の手が上がりました。こうして〇七年秋のR・S・Cの検診から、サリン被害者の方へのアロマによるケアをボランティアの協力で行うことになったのです。

――アロマを施術してみてどのようにお感じですか。

〇七年にはボランティアのセラピスト二十名、施術を希望する人百三十五名でした。希望者のかなりの方に共通していたのは、目に輝きが感じられないこと、光から閉ざされていることです。恐怖体験から来るものという印象でした。訴えのほとんどは近代医学では治癒が難しい不定愁訴です。不定愁訴は近代医学の盲点といわれています。

時間の関係もあり、精油をキャリアオイルで希釈したものを使い、両手と肘《ひじ》にかけてマッサージする、ハンドマッサージを施術しました。大変好評でした。被害者の皆さんの目に輝きが戻ってきたと感じました。アンケートの結果でも、皆さん喜んでくださったことが分かりました。以来七年間、R・S・Cの検診に参加しています。

その中で、一番印象に残っているのが、サリンに被曝《ひばく》した当時の記憶がなかなか消えず、そのために「うつ」になっていた女性の被害者の方です。オウムを殺せないなら自分が死にたいという自殺願望の強い人でした。いつも胸が苦しく、職場や家庭でのけ者にされている、という意識が消せませんでした。検診とは別に私のカウンセリングサロンにも来ていただき、アロマ・トリートメントを施術しました。少しずつ思いつめた様子が和らいできて、「家族とも同僚ともコミュニケーションがとれるようになりました」とお話しされるようになり、ほっとしたのを憶《おぼ》えています。

アロマテラピーの基本は「自然治癒力の向上」と同時に「心を癒《いや》すこと」にあると考えています。東日本大震災、3・11の被災から三か月たった六月、お集まりになった被災者の方二百十人にアロマテラピーを施術させていただきました。これは日赤医療センターからアロマテラピー研究会に要請があって実施したものです。アンケートの結果、アロマ・トリートメントを受けた方の九十％以上から、ストレスが和らいだ、リラックスできたなどと好意的なご意見をいただきました。今後も、被災者の皆さん、サリン事件の被害者の皆さんに寄り添っていきたいと思っています。

セルフケア

サリン被害者多数は、不定愁訴型の症状に悩まされている。西洋医学にせよ東洋医学にせよ、専門家による治療が大切なことはいうまでもないが、これらの症状は長期化するもので、一回の診療によって解決するものではない。そこで重要になるのが、被害者自身やその家族の支援によるケア、セルフケアだ。

セルフケア自身は決して新しいものではない。歯磨きもセルフケアである。しかし、セルフケアは今大きな広がりを迎えている。

最近、職場でのストレス解消、うつ病の予防などを目的として、厚生省がセルフケアの普及に力を入れ始めているのだ。健康保険の負担を減らそうという狙いもあるのだろう。だがそれ以上に、セルフケアによって、病を予防し、症状を緩和・解消することが、新しい流れになっていることの現れといえる。

（伊藤和憲・鍼灸《しんきゅう》学博士・地下鉄サリン事件当時二十三歳の証言）

――地下鉄サリン事件のときはどうしておられましたか。

事件が起きた日のことはよく憶えています。私は京都の大学に通っていましたが、そのときは実家のある千葉県の柏《かしわ》に帰郷していまして、大学の春休みを満喫していました。そして、事件当日は午前中に新宿で親友と待ち合わせをしていたので、八時前に南柏《みなみかしわ》から千代田線に乗って東京方面に向かいました。ところが、松戸《まつど》あたりで電車が止まり、何か都内で事故が起きて、運転再開のめどが立たないというアナウンスが流れました。

当時は携帯電話がそれほど普及していない時代でしたので、友人とは連絡のとりようもなく、仕方なく自宅に帰ったことを憶えています。そして、自宅でテレビを見ていた父母から、都内で大変なことが起きていることを伝えられました。画面は、地下鉄駅の出口付近に、うずくまったりしゃがみ込んだりしている人たちを映していました。この事件が、サリンによる無差別テロ事件と報じられたのは、もう少したってからだったと思います。そして、今地下鉄サリン事件の被害者の方とこのような形でお会いできるとは、その当時には全く予想だにしませんでした。

――先生の専門分野についてお話しください。

私の専門分野は、鍼《はり》やお灸《きゅう》などで痛みを緩和させ治療することです。鍼灸は人によって、または症状によって効いたり効かなかったりするということは事実です。でも、痛みのような疾患は正しく治療を行えば、かなり高い率で症状の緩和や除去ができると思います。

この体系は、三千年を超える長い年月の中で経験的に理解されてきたことです。そして、現在では、科学的な治療で難渋する分野をカバーする補完治療とも呼ばれ、その効果は国際的にも認められつつあります。しかし、慢性的な症状であればあるほど、治療直後の効果は得られても、その状態を長期間持続させるのは難しいのです。私が治療に当たってきた経験からすると、疾患や症状によっては完治するケースや、治療効果が長期間持続するケースもありますが、一般的に慢性痛の患者さんの鍼灸効果は数時間から一週間程度であることが多いと思います。そのため、鍼灸治療の効果を何とかして長く継続させることはできないのかというのが、私の大きな課題でした。

――課題を解決する方法はどんなものですか。

こうして私が行き着いたのが、自分で自分をケアする、セルフケアという手法です。実際のセルフケアには、家族同士、仲間同士で行うものも含まれています。要は、慢性的な症状を持っている方が、病院に行かなくとも、自分で症状をコントロールするための様々な方法を追求するということです。

私が初めて、大規模災害、大規模事件の被害者やその家族の方にセルフケアという手法をお示ししたのは、JR福知山線事故の被害者、家族の方々の集まりでした。この集まりに、サリン事件の被害者のケアに当たっているR・S・Cの山城さんがゲストとして来られました。山城さんは私の話をお聞きになり、R・S・Cがサリン被害者の皆さんを対象に東京、埼玉で実施している検診のときに、セルフケアの話をしてほしいと依頼されたのです。これが、私とサリン事件の二回目のつながりでした。

――地下鉄サリンの被害者の方々には、どんなことをお話しになったのですか。

二〇一三年十一月渋谷で催された二回の検診会場で、一連の検診の最後に講座が開かれ、私が被害者の方とお話しする機会が与えられました。

セルフケアは、自分の体を知る、ということから始まります。そのためには、自分のツボを押さえてみることが有効です。ツボは、東洋医学でいうところの経穴のことです。一般的には、体表の様々な部分にあるツボに刺激を与えることで、症状を緩和したり除去したりする意味で使われますが、セルフケアでは、症状の緩和や除去に使われるだけでなく、ツボを触ることで体が抱えているトラブルを探ることになります。その意味で、ツボは体の鏡と私は言っています。

一回に数十名集まられた会場で、被害者の皆さんにまず、頭頂部にある百会《ひゃくえ》のツボを自分で押してもらいました。痛くないと言う人もいましたが、多くの人から「こんなに痛いとは思わなかった」という声が漏れました。この百会のツボを押して痛みを感じた人は、ストレスを抱えていたり、イライラしやすいという特徴があります。次に、手の親指と人差し指の根元にある合谷《ごうこく》のツボを押してもらいました。すると、「とても痛い」や「右と左で痛さが違う」などの感想がありました。合谷は顔面部の病気、特に目の症状との関係が深いことから、症状を感じている目と同じ側の合谷に反応が表れやすくなります。参加者の多くは、「頭のてっぺんや手など、自分の身体の中には痛い場所がたくさんありました。これらの反応は身体の状態と関係してるなんて面白い」や「私は目の症状があるから、目に関係するツボに反応があるんですね」など、ツボには身体の鏡としての役割があることを、多くの方が体験してくれました。また、参加者の多くは、「ツボを押したらすっきりした」と効果を感じており、「毎日ツボを押して身体の調子を確認したいと思います」とおっしゃっていたのが印象的です。

――被害者にとってセルフケアはどんな意味合いを持っていくんでしょうか。

まだ、犯罪被害者の方にどのような内容のセルフケアを教えていくべきかについての詳細は体系化されていません。ですが、例えばサリン被害者の方には、目が疲れやすい、焦点が合わせにくい、など目の不調を訴える方が多いとされています。このような目の症状では、足の第一指と二指の間にある太衝というツボやこめかみの部分にある太陽というツボ、後頭部のくぼみにある風池というツボを、心地よい程度に三〜五秒連続的に圧迫するか、リズムよく五回程度マッサージすることが効果的です。

このようにして、セッションを通じてサリン被害者の方に寄り添っていく。そして、試していただいてその結果をお聞かせいただく。これは私たちにとっても新たな発見の場となり、セルフケアの手法を発展させていく大変よい機会だと考えています。また被害を受けた方には、自分の健康についての不安が重なって、様々な症状が出ている方もあると思います。このような症状にも目を向け、自分自身でケアしていくことが大切であることから、今後も様々な症状のケアについて皆様にお伝えできればと考えています。

被害者の訴える症状の裏側に被害者が抱えている家庭や職場での悩みが結びついていることも多い。被害者支援はそうした悩みを受け止め、メンタル面からケアをしていくことも求められている。

二〇一四年五月三十一日　カウンセラー座談会　司会進行　筆者
出席者　小寺康元《こでらやすもと》（元消防局勤務・地下鉄サリン事件当時四十六歳）坂下《さかした》そのみ（NCCP所属カウンセラー・同二十九歳）尾谷涼子《おたにりようこ》〈仮名〉（地方公務員・同二十八歳）

――当日はどこでどんなふうに事件を知りましたか。

小寺　私は当時、川崎《かわさき》市消防局の警防課に勤務していました。その朝に東京消防庁の管内で爆発事故が起きたという情報の第一報が司令室から入ってきました。隣同士でしたから応援体制を取れということで準備を始めました。テレビやラジオそれから電話が入ってくるので優先で指令所を立ち上げそこで確認をしながらやっていてどうも爆発ではないと。入ってくる情報がその最先端なところなのにすごく断片的でした。一番正しく入ってきたのが報道関係で、消防関係、警察関係よりも早かったです。どうも毒物が撒《ま》かれたみたいだということと、もう一つは救助に行った人間もやられている、それに自衛隊が出動したという情報が来て、川崎からも応援を出せと。被害も複数駅だということで、これは大変なことだと思いました。救助に出かけた消防の職員からも重症者が出ています。

坂下　その日、三月二十日は月曜日でした。月曜日は幹部会議があり、通常より三十分ほど早く家を出て会社に向かいました。日比谷線を利用していました。家から最寄りの駅に着いたとき、「築地でガス爆発が起きて運行を中止しています」という貼り紙が出ていたので、都バスを利用し出勤しました。通常どおり会議を行い、事件を知ったのは昼のことでした。同僚と昼食中、午後から勤務のパートの方が、「朝の事故が大変なことになっている、亡くなった方も大勢いるらしい」と話しているのを聞いて驚きました。弟が八丁堀の会社に勤めていたので心配になりました。通勤経路以外は、私はいつもと同じ月曜の朝を過ごしていただけに「一体、築地で何が起こっていたのだろう」と思い、大変不安を感じました。

尾谷　そのときは地方公務員として、福祉関係の部署に勤務していました。通勤にはJRを使っていました。でも出勤途中に何かあったとかは分かりませんでした。職員も大半は職場に来ていました。

職場のテレビで、何か大変なことが起きていることに気づきました。職員の所在や出張者の安否の確認、至急ではない来庁予定のキャンセルなどの対応をしたと思います。幸い身近に被害を受けた人はいませんでした。

――サリン被害者のカウンセリングに関わったご縁についてお話しください。

坂下　きっかけは、山城さんとの出会いです。私が所属していたNPO法人日本カウンセリングカレッジ（NCCP）はカウンセラー養成事業を行っています。その養成講座を〇三年一月から受講されていたのがR・S・Cの事務局の山城さんです。そこでR・S・Cの活動内容をお聴きし、理事の先生方もその分野の第一人者の方々が、国ではなく民間で被害者の方々の支援活動をしていることを知り感銘を受けました。その中でサリンの被害者検診を行っていてボランティアを求めていること、そして、できればやはりカウンセリングを学んだ方にお手伝いいただきたいと考えていることを伺いました。

私は事務局スタッフで、受講生や卒業生の方々と接点があったので、毎年検診時期は数名の受講生の方にお声掛けさせていただきました。参加した時期は人によって違いがありますが、私は〇四年からです。小寺さんは〇七年から、尾谷さんは一〇年からサリン被害者の検診にボランティアとして参加していらっしゃるかと思います。

――何か心配な点はありましたか。

小寺　私の場合は消防士でPTSDになった人などのカウンセリングをやっていましたが、全然違う場所で全く知らない人のカウンセリングをやるというのは初めてでした。

ですから、最初は手探り以上の状態でした。一番困ったことは時間の配分でしたね、限られた時間でしたから。

尾谷　犯罪被害者の支援のお手伝いをするのは初めてでしたので、一番初めは流れとか、どういうふうに案内をするかなど、よく分からないまま行きました。不安はありました。

坂下　働く人のメンタルヘルスに関わる相談業務はしておりましたが、犯罪被害にあった方々のメンタル面のお話を伺うという経験は乏しく、とても緊張しました。

――実際にカウンセリングを始めてみてどうでしたか。

小寺　最初にカウンセリングを担当した女性が二十分ぐらいの間、ずっと黙っておられて全然お話しいただけなかった。どうやって聴こうかとこちらも戸惑ってしまって。でもその女性が最後に「ここへ来て座って先生のお顔を見ただけで安心しました」と言って帰られたんですよ。そのときは何と言っていいか分からなかった。

で、次に担当した人は、実は消防職員だったんですよ。そのとき、彼の顔を見てほっとしたんです。仲間が来たという感じでした（笑）。もちろん私の身分は明かしませんでしたが、彼とは自然に対応もできました。それからほかの方とも、共感しながら話すことができるようになったと思います。

坂下　検診でのカウンセリングは、定期的・継続的な個別面談とは趣が異なり、毎年同じ方とお目にかかれるとは限りません。時間も二十分程度で、ご自身の心の中にある困りごと、気になっている思いを伺うわけですので、話しやすい雰囲気づくりを心がけました。

こうして毎年、長く参加させていただく中で、「身体の不調は相変わらずだけど、趣味の時間を楽しんでいます」と話しながら見せる笑顔や、初めてお話を伺ったころは二十代の方が、「いい伴侶《はんりょ》を得ることができた」としみじみ語ってくださる姿や、「家族に支えてもらい感謝している」という明るい声を聴くと、サリンの被害にあった事実は事実として受け止め受け入れつつ、日常をしっかり生きていらっしゃる姿に、胸を打たれます。

そして何より、各検診会場には被害者同士の交流の場「談話室」が設けられていますが、その場に参加したことをきっかけに、「自分だけじゃないんだ」と安心したり、心身ともにダメージを受けて心療内科へ通院している方が、「ここでは、ほかでは話せないことが話せる」「分かってくれる人がいる」と、意欲を生み出して帰られるといったこともあり、分かち合うことの意味を感じています。

尾谷　問診を担当される先生やR・S・Cの職員さんに会うのを楽しみに来られる方もいます。「きょうは南先生いますか」「事務局の人はいますか」とか。自分のことを理解してくれて誰かに会って話をしたくて来ている。検診という検査だけではないんですね。一年たってまた出会いがあると、被害者の人の表情が花が咲いたように明るくなられるんですね。それはそれで、とてもいいことだと思います。

――カウンセリングで一番大切なものは何ですか。

坂下　傾聴ですね。私たちはこの言葉を徹底して教えられています。

小寺　面談をしていますと、時としてある方向に誘導してしまいたくなるようなこともあるんですが、それは抑えるようにしています。無理に話をさせないということも大事ですね。

坂下　相手へ敬意を払うことは忘れてはいけないことだと思っています。また、安心して自分を表現できる空間、関係をつくる配慮が大切なのではないかと思います。

――サリンの被害ということに絞ったときに、どんな訴えが多かったですか。

小寺　目の症状が多かったですね。それと疲れやすい、頭痛や手足の痛みだったですね。

坂下　偶然だったのかもしれないですが、「におい」について訴える方が集中した年がありました。この訴えを耳にしたとき、もしかして、人体へのサリンの影響は、年とともに変わる可能性があるのかもしれないと想像しました。検診を継続する必要性を痛感して身が引き締まる思いがしました。

尾谷　家族の問題や、ご近所とのお付き合いの問題を訴えてくる方もいます。一見サリンの被害とは関係がないようにみえますが、被害が家族関係に与えた影響や、心理的な面に及んでいることも私たちは考えに入れておかなければ、と思っています。

――このケアにボランティアとして参加されてよかったなと思われたことは?

坂下　職種は違っても、様々な職場で対人援助に従事していらっしゃる方々の立ち居振る舞いから、援助の在り方など気づかされることが多く、本当に勉強になります。

それと、少し話がそれるかもしれませんが、検診にはアロマのマッサージがケアとして入っていますね。あれは、皆さんの心をリラックスさせることにとても役立っていると思います。アロママッサージのあとでカウンセリングをすると、とても和やかな雰囲気で、お話が伺いやすいです。あとは、被害者の皆さんの語らいの場として九年前からできた「談話室」に、私たちも参加して四方山話《よもやまばなし》ができるのは楽しいです。

小寺　僕の一番印象にあるのは、女性で結婚を悩んでいた人が結婚して子供のことで悩んで、この人が僕に〝子供を産めるんでしょうか〟と聞かれたんです。〝申し訳ないですが、僕はそれは分かりません、ご自身でお考えください、医師にご相談ください〟と冷たいようですがそう言いました。その人が二年後に来られたときに〝子供を産みました〟とお聞きしました。あのときは嬉《うれ》しかったですね。それからはお子さんもご一緒に来られています。

第八章　弁護士

暗殺リスト

オウムと弁護士たちとの闘いは、坂本弁護士一家の事件から始まった。その性質上、弁護士側の闘いは、自らと家族に忍びよる危険と隣り合わせのものとなった。

（滝本太郎《たろう》・弁護士・地下鉄サリン事件当時三十八歳の証言）

――オウムに関わることになったのはどんなことからですか。

私がオウムに関わることになったのは、一九八九年十一月四日坂本弁護士一家「拉致《らち》事件」の発覚からです。もっともこの事件、六年後には殺人事件であったことが分かるのですが。

私は事件の前から医療事件や労働事件などで、坂本弁護士とはよく会っていましたし、飲み仲間でもありました。坂本弁護士から、事件の起きる前に、「教祖が空中浮揚すると言ってるような団体なんだ。一緒にやってくれないですか」と言われたことがあったのですが、宗教がらみの、まして信者相手は厄介だなと思って、「勘弁してね」と断っていました。

坂本事件後の私たちにとって、ともかく坂本一家の救出は急務でした。そのためにも、オウムと戦う必要がある、と感じてオウム真理教被害者対策弁護団に入りました。

私がオウムの一連の事件で主に力を注いだのは、三つのことでした。

一つには坂本弁護士一家事件のことで様々な方面から集まってくる情報について、その情報が本物かどうかを調査することです。

二つにはオウム真理教が全国各地で起こしていたトラブルに対応するために、住民の立場に立って仮処分を含む裁判などを起こすことです。

そして三つにはオウムに入信している信者に脱会を呼びかけ実際に脱会させると同時に、脱会してきた元信者のケアをすることでした。そのどれもが、簡単なことではありません。

――オウムからの脱会を呼びかけるためにどんなことをなさいましたか。

脱会の呼びかけの手段として九三年秋と九四年一月の二回にわたって、私の「空中浮揚」写真を撮影し、その写真を使って脱会のカウンセリングのときに使ったことがあります。今でもネットで映像も見られます。「空飛ぶ弁護士」なんていうキャッチもつけられています。

麻原の「超能力」のシンボルともいえる空中浮揚が、実は弁護士でもできてしまった。このことは、信者奪回の上で、かなりの力となりました。

どうして空中浮揚の写真が撮れたのかとよく聞かれます。「修行が実ったのでしょう」と答えることもあります。もちろん冗談です。いくつかヒントを申し上げましょう。まず、体重は軽い人のほうがいいです。自己暗示とか精神集中とかは一切いりません。蓮華座《れんげざ》を組んだら、上に跳び上がろうとせず、前のほうに跳ぼうとすることです。あとは、カメラのアングルですが、カメラマンには這《は》いつくばってもらい、できるだけ低い位置からシャッターを押してもらうことが肝心です。

ヨガ行者の中には、何メートルも浮揚するという人がいます。もちろん私は信じませんが、その行者がそのことで人を騙《だま》して大金を集めているのでなければ、それをどうこういう必要はないと思います。

超常的な神話でも、神秘的な振る舞いでも、信教の自由ですから、他人に害を与えない限り問題はないはずです。

――脱会の呼びかけをしていて、危険は感じませんでしたか。

いずれにせよ、私は信者奪回の最前線にいたのですから、麻原にとって坂本弁護士と同様、ポア（暗殺）リストのかなり上のほうに載っていたことでしょう。後に警察から、私はリストの1だったと聞きました。実際に私はオウムに、四回殺されかかっています。

第一回は九四年五月九日のことです。その日は午後から甲府《こうふ》地方裁判所で裁判が入っていました。オウムの拠点になっている山梨県旧上九一色村の住民から頼まれた、農道についての民事事件でした。オウム側の弁護士は、当時オウムの熱心な信者だった青山吉伸弁護士でした。

私は神奈川県大和《やまと》市の自宅から、三菱ギャランを運転して地裁に着き、構内の駐車場に庁舎に向けて車を止めました。裁判が開かれる法廷は三階、裁判が開かれる時間は一時十五分だったと思います。裁判は書面を提出することが主でしたから、短時間で終わりました。そのあと、法廷の外の廊下で、ある出家してしまった人や脱会した人の消息について青山弁護士と立ち話をしました。そこで二十分ほどの時間が経過したと思います。

私が車を離れてから三十分はたったでしょう。車に戻って、当時別荘を探していましたので、富士見《ふじみ》高原を回った後、自宅に向かいました。最初は気づきませんでしたが、しばらくして、太陽がやけに暗く、曇りだしたように感じました。ですが確かに空は「ピーカン」だったはずなんです。ひょっとすると、私の体調に異常があるのかもしれないと思い、チンタラチンタラ運転するように心がけました。

どうも腑《ふ》に落ちませんでした。そのとき頭に浮かんだのが、私の両親がともに「くも膜下出血」を体験していたことです。私の感じている違和感が「くも膜下出血」の前兆の可能性があると考え、翌々日病院に行きました。横浜の脳神経外科医院です。脳ドックに入りいろいろ調べましたが、まさかサリンとは思いませんから血液検査はしませんでした。

これが私に対するサリンを使った殺人未遂行為によるものと分かったのは、九五年三月二十二日に旧上九一色村のオウムの拠点に大規模な強制捜査が入り、その後三桁《けた》に上る容疑者が逮捕された後のことです。

――それがオウムのやったことだと分かったのは？

後になって、容疑者が私に対するサリンを使った殺人行為を自白したのです。それによると、実行犯は麻原の愛人であった十七歳の少女で、当時変装していたそうです。犯人は法廷が開廷している間に、私の車のフロントガラスの下の空気吸入口にサリンを滴下し、その吸入口から私が気化したサリンを吸うように仕掛けたとのことです。近くの別の車に乗っていたのが、中川智正、遠藤誠一《えんどうせいいち》。二人とも地下鉄サリン事件の共犯者で、今は死刑囚です。私が吸入口をいつも閉じていたことと、顔を洗ったりうがいをしていたことから、大事に至らなかったのです。強運だったと思います。

――その後はどんな方法で殺されかけたのですか。

同じ年の十月には、VXというサリンよりはるかに毒性の高い化学物質が、ポマードに練り込まれて愛車のドアノブに塗られました。

これも全く気づかなかったのですが、たまたま私は運転するときには革の手袋をしていたので助かりました。手袋が汚れたので着けたまま石鹸《せっけん》水で洗ったこと、ハンドルも拭《ふ》いたことなど憶《おぼ》えています。VXの精度もまだ低かったようです。

その年の十一月四日にはボツリヌス菌を飲まされました。二歳の子連れでオウムに出家していた両親がそれぞれ脱走したのですが、子供は連れ出せなかったのです。母は茨《いばら》のトゲで怪我だらけになりながら逃げて、上九一色村の住民に助けられました。オウムの施設内では、「愛と愛着は違う」と言って、子供は親の手から離され別の施設に入れられていましたから、こういうことがあっても親には何の責任もありません。

私はオウム側と連絡をとり、子供は母親の元に返すように要求しました。オウム側はこの件についての交渉場所として、富士宮のある日本旅館を指定してきました。

交渉の相手は、信者でもある青山弁護士と後に地下鉄サリン事件の実行犯となる林郁夫医師でした。このとき、仲居さんに扮《ふん》した女性信者からジュースをふるまわれました。そのジュースの入ったコップの内側に、ボツリヌス菌が塗られていたのです。何かいやな予感がなかったわけではないのですが、喉《のど》も渇いていたので飲んでしまいました。ですが結局毒素は出ていませんでしたから、健康に別条はありませんでした。

遠藤誠一死刑囚の調書によると、このとき彼が「効果がないのでは」と麻原に言ったのに、麻原は「量が多ければ殺せるかもしれないじゃないか」として指示したとのことです。このボツリヌス菌も、オウムが生物兵器として培養していたものです。

——滝本さんに警備がついたのは、どんな経緯からですか。

九四年の六月に、松本サリン事件が起きて、おびただしい死傷者を出してしまいました。

オウム攻撃の目標は、住民とオウムとの裁判を取り扱っていた裁判官の住んでいる宿舎だったことが後に分かっています。

その年の九月二十日、果敢にオウムの犯罪性を告発していたジャーナリストの江川紹子さんの部屋に、ホスゲンという有毒ガスが噴霧され、気管を痛めるという事件がありました。

この事件も当初、神奈川県警は動かなかったのですが、オウム情報を提供し続けてきた磯子署の坂本事件本部経由で私どもが強行に突き上げて、ようやく動きました。ですが鑑定するまでに至らなかったようです。

そして十月三日の朝、私の事務所の下にある駐車場に明らかにオウム信者の自動車が発見されて、直ちに坂本事件本部に電話をしました。ここでようやく全県配備となり、この段階で、ようやく私と江川さんに二十四時間警備がつきました。

警備と同時に、自宅には四か所に監視カメラが取り付けられ、録画も始まりました。まるで、暴力団幹部の家みたいですね。これも後に聞いたのですが、この十月中、四回オウム関係者が私宅に来たそうです。一度は新実智光《にいみともみつ》死刑囚がフェンスを乗り越えようか迷っていたとのことです。後に親しくなった警察官は、あのとき乗り越えて逮捕していれば表彰されたかも、と言っていました。

このとき、オウムと戦っていたオウム真理教被害者の会の永岡弘行さんのところについても、警視庁をもっともっと突き上げて二十四時間警備をしてもらっていれば、と反省しています。そうしていれば、永岡さんに対しては自宅近くでのVXでの襲撃を防げたはずだからです。

永岡さんがなぜ警備対象とならなかったか。警視庁が神奈川県警ほどにはオウム真理教の危険性を認識していなかった、怠慢だったというほかにありません。

また、私に対するVX、ボツリヌス菌による暗殺未遂行為は残念ながら、そうした警備体制の中で起こったことです。

——ご自身に警備がついてからどうなさっていたんですか。

そうした警護体制の中といっても、家に閉じこもっているわけにはいきません。一般事件も当然扱っていますし、オウムとの戦いも続けざるを得ませんでした。ただ、自分の身に危険が及ぶことは覚悟するにしても、家族に累を及ぼすわけにはいかないと思っていました。何しろオウムは、坂本事件で妻や一歳の子供まで巻き添えにしているんですから。

まず、当たり前のこととして、生命保険を増額しました。保険額もだんだん増額し、突然死に一億八千万円の保険が出るようにしましたので、一時は月十万円近い保険料になりました。小学生の子供二人はパトカーで学校に通った時期もあります。

九五年四月からは、小学生の子供二人は北海道に山村留学させました。もっと早くにそうしたかったのですが、年度が変わらないとできませんでした。そして幼児、中学生の子と妻には一キロほど離れたマンションに引っ越してもらい、私はそこには決して近づかないようにしました。

——そうするうちに、大きな事件が起きてしまいました。なぜ起きてしまったんでしょうか。

そうです。九五年二月末には目黒公証役場事務長の仮谷さん拉致《らち》殺害事件が、そして松本に次いで地下鉄サリン事件が起きてしまいました。

なぜ防げなかったのか、といつも聞かれます。その第一が、坂本弁護士一家の事件での初動捜査のミスにあることは間違いありません。家の中の実況見分さえも直ちにせず、オウムのバッジと二十三滴の血痕《けっこん》が残っていたのに事件性の認識が甘かった。オウムを容疑者とする事件として立件せず、単なる特殊家出人の捜索として取り扱ったのです。坂本事件の初動の誤りがなければ、強制捜査はもっと早い段階で可能だったと思います。

坂本事件以外でも、九四年七月に、教団幹部新実が、教団を脱走した元看護師を、山梨県上九一色村の教団施設に連行して監禁した事件があります。このときにも、パトカーが出動しているのに、所轄の山梨県警は事件にしませんでした。上九一色村では異臭事件が起きています（断章一　もう一つのサリン事件参照）。

ちなみに、新実死刑囚が最初に逮捕されたときの罪名は、この監禁罪でした。

私は、その年の八月には薬物使用事件、十月にはオウムの施設中で生じた死亡事件などについて、カウンセリングの結果脱会してきた人から詳しい情報を得ていました。

私は、陳述書なども揃えて各警察や地方検察庁の公安部に上申書を出し、強制捜査を促したのですが、神奈川県警も、山梨県警も、静岡県警も、警視庁も、動かずでした。

警察が動かなかったことについては、一つに宗教団体に対する捜査が、宗教弾圧のように受け取られてはまずいという発想があったと思います。

もう一つは、各県警本部の持っている情報が管轄を越えて共有されなかった。管轄の壁ということですね。未熟な科学捜査の壁も大きかった。例えば、サリンを作れるはずのない被害者・河野義行さんを犯人と見込んだ捜査がいつまでも続いたんですから。このことを踏まえた十分な総括が行われていると信じたいですが。

破産宣告

オウムとの闘いから始まった弁護士の役割は、やがて被害者とその遺族の被害回復、被害者同士の交流への支援へと大きな広がりをみせる。

(中村裕二《なかむらゆうじ》・弁護士・地下鉄サリン事件当時三十八歳の証言)

――坂本弁護士一家の失跡事件はどこでお知りになりましたか。

八九年十一月のことですね。そのとき私は、英語の勉強のためにロンドンにいました。日本大使館に三日遅れで届く日本の日刊紙を読みに行ったんです。巨人ファンでしたから、巨人と近鉄の日本シリーズの結果が知りたかったからです。

スポーツ面を読んで、ついでに社会面を見ると、坂本君と家族の写真が大きく載っていました。一体何だろうと思ったら、一家が失踪《しっそう》したという記事です。びっくりしました。

――坂本弁護士とは親しい仲だったんですね。

私と坂本君は、同じ年に司法試験に受かったので、司法修習生としても同期でした。司法修習生は、全国各地の裁判所に配属されるのですが、私と坂本君は東京地裁配属で、班も同じでした。この班には社民党の前党首、福島瑞穂《ふくしまみずほ》さんもいました。同じ班の結束は固いもので、「日本のラルフ・ネーダーになりたい」と言っていた坂本君とはとても親しい関係でした。

日本に帰ってからは、彼とその一家の生存救出のために、いろいろな運動に関わりましたした。それが、九五年九月に遺体で見つかります。あんな悲惨な結果に終わって、残念でという言葉では表しきれないほど悔しくてくやしくて、ひどく落ち込みました。

――地下鉄サリン事件が起きたことは、いつ知りましたか。

地下鉄サリン事件が起こった九五年三月二十日は、連休の谷間だったこともあって、早い時間の仕事を入れていませんでした。八時ごろから自宅のテレビでワイドショーを見ていると、突然画面が変わって、都心の地下鉄で爆発事故が起きた、と報じられました。

私の目は、もちろん画面に釘付《くぎづ》けです。そのうちに被害の規模がとてつもなく広範囲で、たくさんの重症者が出ていることも伝わってきました。

原因物質がサリンと発表されたのは、お昼前だったと記憶しています。そのときには、町田《まちだ》にある私の事務所に着いていました。

――この事件は誰が起こしたと思いましたか。

そのとき私は、これはオウムの仕業だと直感しました。その年の一月一日読売新聞朝刊に、上九一色村にあったオウムの施設近くの土壌や草木から、サリンの残留物が検出されている、というスクープ記事が載っていましたし、また二月ごろには、化学に強い仲間の弁護士から、化学兵器サリンについてのレクチャーを受けていたからです。

三月二十一日は休日でしたが、サリン事件は地下鉄以外でも起きるんじゃないか、どこがやられるんだろう、もしかすると弁護士会が狙われるんじゃないか、内乱が起きるかもしれない、そんな、身もすくむ思いで、新聞やテレビの報道に見入っていたんです。

――その後、大規模な捜索が入りましたね。

はい。翌日の二十二日、オウムの上九一色村の施設に、大規模な捜索が入りました。もちろんオウムの心臓をえぐり出すような捜査となることを期待していましたが、私にはもう一つの大きな期待がありました。

それは、この施設の中に幽閉されていたかもしれない坂本弁護士一家が、警官隊によって救出されるのでは、と考えていたからです。上九一色村の第十サティアンと呼ばれる施設には、信者の子供たちが集められていると聞いていましたから、そこに坂本君夫婦の子供、龍彦ちゃんがいるのかもしれない。どうかそうであってほしい。祈るような思いで、捜査の進みを映し出すテレビにかじりついていました。

ですが、残念ながら、坂本一家の姿は上九一色村で見つからず、結局遺体で見つかることになってしまったのです。

――被害者救済のために弁護団を立ち上げられたんですね。

地下鉄サリン事件から三か月がたって、オウムに子供たちを取られた親御さんたちから電話相談を受ける目的で、「オウム真理教被害一一〇番」を実施しました。ここに、地下鉄サリン事件の被害者や遺族の方々の電話相談が殺到しました。そのことがきっかけとなって、弁護士会の主催で「地下鉄サリン被害一一〇番」の名で電話相談を受け付ける取り組みが四回ほど行われます。事件で亡くなられた被害者の遺族の方、重症の被害者を介助している家族の方、受傷者の方が電話してきました。

この方々と、まだ支援を求める声も出せないでいるたくさんの被害者の方を支援するために、こんどは、地下鉄サリン事件被害者を対象とする、地下鉄サリン事件被害対策弁護団が四十人の弁護士で作られます。私は弁護団の事務局長を任されました。九五年八月ごろのことです。私と地下鉄サリンの被害者との結びつきはここから始まることになります。

――オウムの破産を思いついたいきさつを話していただけますか。

まず、被害者がオウムから受けた損害の賠償を実現することから始めなければなりません。そのためには、オウムが財産を隠し、ほかに売ってしまったりしないように、オウムを破産に追い込み財産すべてを押さえることが必要でした。

例えばこんなことがありました。三月二十二日の上九一色村のサティアン群などオウム大捜査が始まってしばらくたったころです。警察は、第七サティアンの金庫に、現金七億円と金塊を見つけ、これに封印をしました。ですが、この封印はこっそり破られ、現金や金塊は忽然《こつぜん》と姿を消したのです。この「犯人」が、教団の金庫番であった、当時の大蔵大臣、P氏によるものと分かるのは後のことです。

――破産申立てにはいろいろご苦労があったようですね。

いざ、裁判所にオウムの破産宣告を出してもらおうとしてみるといろいろ難しいことが出てきました。

一つには、オウムの持っている財産、特に不動産が、全国各地に散らばっていることです。これを探し出すのが大変なことでした。役所の協力も得てその全貌《ぜんぼう》が分かったのは、十一月末のことです。

次に大変だったのは、破産宣告をしてもらうためには、オウムが経済的に破綻《はたん》していること、いいかえれば、オウムが持っている財産より、オウムが負っている負債のほうが多いことを裁判所に分かってもらう必要があるということです。このことを債務超過といいます。

私たちがつかんでいるオウムの財産は十数億円。私たち弁護団が依頼を受けている被害者や遺族らの損害賠償債権は約八億円。これだけでは、負債のほうが多いとはいえません。そこで、オウムの犯した犯罪によって被害を受けた人数が多いことを、裁判所に理解してもらうことにしました。被害者は五千人以上いる。この人たちを含め、全部の被害者の被害額を推計すれば、三十億円以上になる。これなら、オウムの財産の二倍。

債務超過になる。これで裁判所を説得しようということです。

裁判所を説得するには、オウムに対して損害賠償の裁判を起こしておいたほうがいいと考えて、裁判を起こす人を募りました。それでも裁判を起こすとなると、原告として必ず住所と名前を出さなければならないということがありましたから、なかなか原告になってくれる人がいません。それでも、四十二人の人が勇気をもって、原告団に名を連ねてくださいました。六千人以上の被害者・遺族がいる中で、四十二人です。

こうして破産申立てをしたのは、十二月に入ってからのことです。

――申立ててからのご苦労は？

裁判所は破産宣告の決定を出すことについては好意的でした。ですが、裁判官から「破産管財人になる人はいるのですか」と質問されたのには驚きました。

破産管財人というのは、破産宣告が出たあと、債務者、この場合はオウムですが、これに代わってその全部の財産を管理し、その上でその財産を処分して、その代金を債権者に配当する人のことです。

普通、破産管財人は、破産宣告を出した裁判所が選んでくれるものなのですが、オウムの破産管財人になるとオウムから自分や家族の命を狙われる恐れがあるわけですから、裁判所のほうで選ぼうとしても引き受け手がいないということだったのです。

破産管財人は私たちの手で見つけなければならないことになります。候補者をあげた結果、元日本弁護士連合会会長の阿部三郎先生に白羽の矢を立てようということになりました。坂本弁護士一家救出運動でもその先頭に立ってくださっていて、正義感が強く熱血漢でも知られる阿部先生ならば引き受けてくれるかもしれない、と思ったのです。年も押し詰まった九五年十二月二十七日、私たちは阿部先生の事務所に伺いました。用の向きを告げると、先生はしばらくの間考えられた後、「少し時間がほしい」とおっしゃり即答を避けられました。

年が改まった一月、阿部先生から破産管財人を引き受けるとのご返事をいただきました。おそらくそれまでの間、被害が降りかかりかねない家族や事務所の皆さんに、理解を求めておられたのだと思います。

阿部先生は、事務所で働く人や依頼人の方々に不安を与えないようにと、自分の法律事務所とは別の場所に管財人の事務所を構えようと考えておられました。そして、破産管財人の事務所となる賃貸物件を探されたのです。ところが、オウム真理教の財産管理を行うためだと言うと、貸主から契約を断られ続けました。ようやく、それでも貸しましょうと言ってくれる家主とめぐりあって、事務所を借りられるようになったのは三月ごろのことと聞いています。

これで準備が整い、三月二十八日裁判所から破産宣告が出されました。

――被害者の受け止め方はどうでしたか。

ここで、被害にあった方から損害額の届け、債権届を出してもらうことになったのですが、この債権届がなかなか出てきません。オウムはまだ活発に活動していました。テロがあって、テロ組織が生きている中で、債権者として住所氏名を出して被害を訴え出ることは、被害者にとってとても勇気のいることでした。

それでも、千二百人余りの人が債権の届け出をしてくれました。千百三十六人が地下鉄サリン事件の被害者、四十人が松本サリン事件の被害者、二十五人がそれ以外で命を奪われた方のご遺族や、受傷したりした方です。この方たちの損害の総額は、三十八億二千三百九十七万円となりました。その他の債権も合わせると、認定債権額は、五十一億五千八百三十万円を超えました。

その反面で、債権届を出されなかった被害者の方が、すべての被害者の八割にのぼったということも重く受け止めなければなりません。

――被害者の会との結びつきについてお話しください。

地下鉄サリン事件被害者の会は九五年八月に発足しました。死亡被害者の遺族、重症被害者の介助をしている家族の方が含まれていますが、もちろん比較的軽症の人も加わっています。私はこの会の発足から関わってきました。

発足当初、「地下鉄サリン事件被害者の会」の名前では集会場の利用申請が認められませんでした。会場側がオウムのテロを恐れたためです。仕方なく会の名前を隠して「中村相談会」の名前で会議の会場を確保してきました。

会の代表世話人は、千代田線霞ケ関駅で殉職された助役高橋一正さんの配偶者、高橋シズヱさんが引き受けてくださっています。高橋さんの存在は会をまとめる上でも、テロの被害者として様々な運動をしていく上でも、とても大きいものがありました。

被害者の会は、被害者同士の語らいの場所でもあります。語らいのときには、いつも私が司会役で進めます。被害者の集いが明るく楽しい場ではないことは当然のことです。最初のころ、話し合っているときに「子供を亡くした親の気持ちは、子供を亡くした親にしか分からない」と発言した人がいました。これを聞いて、「配偶者を亡くした者の悲しみは、配偶者を亡くした者にしか分からない」と言い返した人がいます。

こんなふうに、司会としてどう進行していったらいいのか、途方にくれて戸惑うばかりのことがほとんどでした。それでも、子供を亡くし、配偶者を亡くした人にとっては、思っていることを胸の中にだけしまっておかないで口に出して言う、そのことで会に出てよかったと思ってくれればそれでよい、そう考えてきました。

実際に、愛する家族を失った人にとっては、そのことを早く忘れてしまいたい、という思いが片方にあると思います。でも、忘れることなどできないからこそ、やはり次の回にも、その次の回にも来ていただけたのだと思います。そこには、被害者同士、遺族同士だからこそ分かり合える、分かち合えるものがあったからでしょう。

サリンに被曝《ひばく》したある男性のお父様が被害者の会に参加してくれました。その被害者の男性は、短期記銘力障害といって、昔のことは憶《おぼ》えているんですが、最近のこと、例えばさっき食事をしたことを忘れてしまうのです。そのお父様はご高齢で、ご自身も病気がちな様子の方でした。それでも毎回必ずいらっしゃったのです。いらしているのですが、一言もお話しにならないのです。毎回一言もです。どんな思いで参加されているんだろうと考えたことが何度もありました。

その方ががんに罹《かか》っていることが分かりました。末期がんです。それから被害者の会にも参加が途絶えました。どうしておられるだろうと思っているところに、その方からどうしても会いたいという連絡がありました。弁護士会館でお会いしました。

そこで「自分は長くないので、子供は家内が看《み》ていくことになります。家内をよろしくお願いします。被害者の会では本当にお世話になりました。本当にありがたかった。助かりました」と話されました。五年ほど前のことです。そのときは、私も少しは役に立っているのかもしれない、と思いました。そのお父様は、その後間もなく亡くなられました。

被害者に寄り添うというときれいですが、そんな余裕はなく、いつも戸惑うことばかりでした。それでも、被害者の会で司会進行することが、私の生きがいになっています。

——最後にお話しになりたいことは？

お話ししておきたいことがあります。

それは、オウム真理教はいまだに生きているということについてです。オウムは解散させられましたが、「Aleph」と「ひかりの輪」という任意団体として生きています。

Aleph はいまだに「地下鉄サリン事件はオウムがやったものではない。世界を支配する勢力がやった。それをオウムがやったように見せかけている」という情報を流しています。祭壇には麻原の写真が掲げられ、麻原の誕生日を祝う「生誕祭」が催されています。

信者も資金力も増加しています。大学のキャンパスでは「教室を開きたいので、モニターになってくれませんか」「料理、食事をしながらお話しするイベントです」「薬膳《やくぜん》を食べましょう」といった誘い文句で、学生を勧誘しています。「歩こう会」なんていうウォーキングサークルを装って勧誘しているケースもあります。ソーシャル・ネットワーク・サービスも利用して、イベントに勧誘しています。

被害者の支援も、オウムに対する警戒も、どちらもしっかりできる社会にしなければ、といつも思っています。

第九章　松本サリン

第一通報者

松本サリン事件は、地下鉄サリン事件の約九か月前に発生している。そのときこれがオウムによるものだ、と見通せた人はほとんどいなかった。しかし、捜査機関にはそれが可能だった(このことは、後に下村健一氏の証言と、「断章一　もう一つのサリン事件」の中でふれる)。警察の目をくもらせたものは、自らの実にずさんな見込み捜査だった。

(河野義行・松本サリン事件被害者・松本サリン事件当時四十四歳の証言)

──最初に異変に気づかれたのは?

一九九四年六月二十七日。その日は何の変哲もない一日として過ぎようとしていました。八時少し前に仕事から帰ってきた私は、居間でいつもより少し遅い夕食をたべ、その後妻とテレビを見ていました。テレビを消したのは十時四十分過ぎです。そして間もなく妻が「ちょっと気分が悪い」と言いだしました。

でも深刻な様子ではないと見えましたので、私は横になるのを勧め、居間の床に寝かせました。

その直後です。裏庭の犬小屋のほうで「カタカタ」という音が聞こえました。廊下から窓を通して犬小屋のほうを見ますと、二匹飼っていた犬のうち、親犬ピピが不自然な格好で横たわっていました。玄関を出てピピの側に行くと、ピピは白い泡を吹き、体を激しく痙攣《けいれん》させていました。何か異変が起きていると感じました。

車の中に軍手があるのを思い出し、それと水を張ったポリ容器を取ってきて、ピピの口の周りを中心に体を拭《ふ》いてやりました。そのとき少し離れたところで、子犬のヒメが倒れているのに気づきました。ヒメは死んでいました。

私は何か毒物を投げ込まれたのだと思い、居間のほうに向かって「母さん、警察に知らせたほうがいいんじゃないか」と大声をかけました。返事がありません。

――**どんなことが起こりましたか。**

居間に戻ってみると、妻は激しい痙攣を起こし、もがき苦しんでいました。服を緩めてやり、すぐに居間の電話から一一九番をしました。このことによって私は「事件の第一通報者である会社員」とその後に呼ばれることになったわけです。

このころから私の知覚に急激な異常が現れ始めました。物がバタバタと流れるように見える。地鳴りのような音が聞こえる。部屋が暗く見え、いろいろなものが歪《ゆが》んで見え始めました。

救急車が到着して倒れるように乗り込んだのは、その十分後くらいだったと思います。妻と長女と長男も救急車に乗せられました。

私はその後入院しましたが、その間ひどい吐き気、発作的な痙攣、視覚異常、幻聴、高熱、不眠、喉《のど》の異常な渇きなどに苦しめられ続けました。

——河野さんを犯人とするような警察側の動きがありましたね。

第二の受難が始まったのは、翌二十八日のことです。

私たちは警察の捜査にできる限り任意で応じていたのですが、松本署は家宅捜索令状を取り、殺人容疑で私の自宅を強制捜査するという手段をとったのです。

そのときは「被疑者不詳」ということでしたが、あとになって考えれば、この時点で警察は私が犯人だという強い予断を抱いていたことは間違いありません。実際、その日に私の病室を訪れた松本警察署長と警部は私に向かい、いきなり「河野さん、何があったんですか。正直に言ってください」と詰め寄ってきました。

その日の夜十時、捜査本部は緊急記者会見を開き「河野義行宅を被疑者不詳で家宅捜索した」と実名で公表しました。県警の科学捜査研究所でも、原因物質が特定されていません。私の自宅にあったのは農薬などいくつかの、それも少量の薬品です。それで発生場所から数百メートルの広範囲に被害が及ぶような致死性の猛毒ガスが発生するのか。これを全く確かめていない段階での強制捜査ですし、その公表だったのです。

――報道もこれに追随したのですね。

これを受けて、テレビも新聞も、私が自宅にあった薬品を使って除草剤を作ろうとして、薬品の調合を誤ったため毒ガスが発生したかのような報道を、競うようにしました。実際私は薬品を調合したことはありませんし、そのことは警察にも話してありました。ですが、報道は全く違う方向に走っていました。多すぎるので、代表的なものだけあげます。

六月二十九日毎日新聞朝刊「会社員は（中略）事故直後に駆け付けた救急隊員に、薬剤の調合を『間違えた』という内容の話をしたという」

六月二十九日中日新聞夕刊「薬品調合中に発生　妻と作業、煙上がる」

六月二十九日信濃毎日新聞夕刊「自宅内には薬品類の調合などに使われるような容器類が散乱していた――との未確認情報もある」

六月三十日朝日新聞夕刊「会社員宅（中略）庭に薬品を混ぜるのに使ったとみられる皿やバケツなど数点が残され」

六月三十日毎日新聞夕刊「会社員は（中略）庭の樹木にまいた薬物の効き目がなかったので、自分で薬品を希釈する作業をしていたところ、いきなりガスが発生した、という内容の供述をしているという」

週刊誌はもっとひどく、週刊新潮に至っては、「毒ガス事件発生源の怪奇家系図」と題した記事で河野家の家系図を掲載しました。

――原因物質がサリンと分かってからも変化はありませんでしたね。

七月三日には、原因物質がサリンと判明しました。それでもなお私を犯人視する報道は続きました。当初、こうした報道はメディアが勝手に流しているものと思っていましたが、そうではないことが分かってきました。

警察が犯人を私と決め込んで、報道機関の記者に個別に「リーク」したことが記事のもとになっている。また、マスコミも警察のリークを鵜《う》呑《の》みにして、河野犯人報道を垂れ流していたということが分かってきたのです。

警察からは大変理不尽な取り調べを受けました。七月三十日にはポリグラフ（嘘発見器）にかけられ、私がサリンを作ったと決めつけた質問が投げかけられました。そして「機械は正直ですよ。うそを言っている反応が出ました」と言われました。

翌三十一日には、取調官の警部からいきなり「姿勢を正せ！」と怒鳴られ、続いて大声で「お前が犯人だ！」「正直に言ったらどうだ！」と何度も言われました。また、「お前は亡くなった人たちに申し訳ないと思わないのか！」とも言われました。

――地下鉄サリン事件のことをどうお思いですか。

今では、松本サリン事件がオウムの手によって行われたことを信じない人はいないでしょう。それでも、私を容疑者とする聞き込み捜査は、翌年三月に地下鉄サリン事件が起きてからも続いたのです。

松本サリンについてまともな捜査が行われていれば、地下鉄サリン事件は防げた、という意見がありますが、私もそうだと思います。

――奥様は重い障害を負われましたね。

澄子《すみこ》はサリンの被曝《ひばく》によって心肺停止を起こし、低酸素脳状態となり、脳全体にわたる障害のため、事件以来十四年間余り意識不明状態が続いていました。

私も、私の息子娘たちもやりうる介護は尽くしたと思っていますが、残念ながら〇八年六月下旬、主治医から余命がマックス九十日だと告げられました。私は記者会見を開き、つめかけたメディアに向けて妻の病状を話した上で「葬式は家族だけでしますので、どなたもお呼びしません。お会いいただける人は妻の命があるうちに、病院のほうにお越しください」と伝えました。

会見から一週間を過ぎたころ、サリン事件で私を取り調べた担当刑事が妻の見舞いに来てくれました。私から礼を言うと「いやあ、もっと早く来なければいけなかったのですが、敷居が高かったものですから。でも、今お見舞いしないと、永久にお目にかかれなくなります」と私に頭を下げてから病室に入り「澄子さん。どうもごめんなさい」と詫《わ》びてくれました。

八月五日午前三時五分、妻は眠るように、静かにこの世を去りました。享年六十歳でした。亡骸《なきがら》となった妻に私は「よく頑張ってくれてありがとう。家族を支えてくれてありがとう」と話しかけました。サリンの容疑者として名指されていたときもへこたれずに頑張れたのは、妻が生きていてくれたからだ、といつも思っていました。

マスコミには「今日は彼女が自由になる日。わが家にとって、事件が終わる日になると思う」という簡単なコメントを出しました。

――死刑囚の方ともお会いになりましたね。

妻が亡くなった後のことですが、京都で講演をしたとき、地下鉄サリンなどで死刑判決を受けていた井上嘉浩《いのうえよしひろ》さんのご両親が私の話を聞きに来られていました。講演が終わったあと、心のこもったお詫びの言葉をいただきました。とてもお優しそうで気品の感じられるすてきなご両親でした。

私は前々から、松本、地下鉄の両サリン事件の被告には会っておきたいと思っていましたので、このときご両親に「息子さんと面会して励ましてきますよ」と約束しました。

実際に井上さんと東京拘置所で面会したのは〇九年二月二十七日です。彼の死刑が確定する少し前でした。

私が彼に聞きたかったことは、彼が死刑をどのように受け止めているかということです。「あなたにとって死刑は永遠の死、終わりになるのですか、それとも新しい出発なのですか」と尋ねると彼は「終わりは始まりです」と答えました。私が「それなら心配ないね」と語りかけると、軽くうなずきました。

同じく地下鉄サリン事件で死刑判決を受けている中川智正さん、両サリン事件で死刑判決を受けていた新実智光さん、遠藤誠一さんにも面会しました。中川さんは自分がなぜオウムに入信したのかを話してくれました。「医師として患者さんを診察していると、突然波動のようなものを感じて、気を失ってしまうようなことが何度もありました。悩んでいたとき、麻原彰晃さんと出会い、原因と対策を教えていただき、指導どおりのことをしたら、悩んでいる事態から解放されました。そのことから麻原さんを信頼するようになり、出家しました」と言っていました。

新実さんは、「事実は認めるけれども、国家転覆を目的とするテロだというのなら、なぜ内乱罪で起訴しなかったのか」と、普通の殺人罪で起訴されたことに納得がいかないようで、そのことに強くこだわっていました。私が「死刑執行まで七、八年かかるでしょうから、その間拘置所で修行して悟りを開いてはどうですか」と言うと彼は「私は地獄で仏になります」と答えました。

遠藤さんは「河野さん分かる？」と図面を見せました。「サリンの噴霧装置でしょう」と言うと「よく分かりますね」と言って表情をゆるめました。彼とはサリンを滴下する方法などについて、技術的な話に終始しました。四人とも面会の初めには「誠に申し訳ありませんでした」と深々と謝罪してくれ、普通の礼儀正しい中年男性という印象でした。

毒物

事件発生翌日、河野さん宅が強制捜査を受け、薬品が押収された。

このタイミングで、その日の朝日新聞夕刊は生物化学兵器に詳しいとする大学教授の「有機リン系の農薬などの薬品が何らかの原因で池に流れ込むなどして、水や水中の藻、微生物などと反応し、神経ガスの様なものが発生した可能性がある」というコメントを載せた。

七月三日、原因物質がサリンと判明。「サリンと推定される」と公表されると、ここでまた朝日は翌四日朝刊で、同じ大学教授の「製造方法がわかっているのは原爆も同じだが、はるかに身近な材料で殺人兵器と同じものができてしまうことを見せつけた」とのコメントを載せた。

このコメントが会社員河野義行さん犯人説の強力な根拠として使われることとなる。

その教授とは、神奈川大学教授（当時）常石敬一《つねいしけいいち》氏。氏はその後も、生物化学兵器の専門家としてメディアにしばしば登場している。

(黒岩幸雄・昭和大学薬学部名誉教授/毒物学者・松本サリン事件当時六十三歳、二一年一月逝去、の証言)

――松本サリン事件の原因物質について当時どのように考えておられましたか。

私の専門は毒物学で、当時は品川《しながわ》区にある昭和大学薬学部の教授をしていました。松本サリン事件が起きたのが九四年六月二十七日。その五日後に、NHK松本支局の番組ディレクターから電話がありました。この事件のことで、翌夕六時からの番組に出演してほしいという依頼でした。私は承諾しました。

私は、事件翌日のテレビ番組を見て、毒性のある気体によって七名の死者を含む大きな被害が広範囲にわたり発生していること、被害者には瞳孔《どうこう》の収縮とコリンエステラーゼの減少がみられることを知っていました。

コリンエステラーゼというのは人体の副交感神経、運動神経、交感神経中枢を担う物質で、これが阻害されると身体の各部位に重篤な神経性症状を起こし、重い場合には死亡することになります。

そこでまず、揮発性の有機リン系農薬による被害を考えてみました。でも、農薬の揮発によって被害がそのように広範囲に及ぶということは考えられないと思いました。インドで、揮発性の農薬原料により二千人以上の死者を出した事故がありましたが、これは農薬製造工場の爆発を原因とする爆風に乗って、農薬原料が飛散した結果によるものでした。

ですから、松本で起きた事件のように、物静かに発生したものとは次元が違います。また、発生源と思われる民家から青酸カリが押収されたというニュースも読みました。確かに青酸カリには揮発性がありますが、これほど広範囲に死者を含む被害をもたらすほどの威力はありませんし、被害者に出ているような瞳の収縮も生じません。写真の現像、研磨剤などに使われているくらいです。

そこで私は、化学兵器によるものではないかという疑いを持ちました。サリンの可能性も考えられると思い、松本に行くときにはサリンの資料を携えていました。

——現場に行かれてどうお考えになりましたか。

松本支局には十二時ごろに着きました。そのとき、担当ディレクターが「今日の朝に長野県警本部が、原因物質をサリンと推定する、との記者会見を開きました」と緊張した表情で言いました。私の、いやな予感が当たってしまったのです。ですが、持っていった資料のおかげで、番組では詳しくサリンの説明をすることができました。

この事件については、事件の第一通報者である会社員、河野義行さんが事実上の容疑者とされていました。

しかし、原因物質がサリンである以上、普通の民家でサリンを作ることも発散させることもできないはずです。八月六日、テレビのクルーを伴って、河野さんのお宅を実地に検証しました。現地に臨んだ専門家は私が初めてでした。

私はその結果、駐車場や庭を含めて、「ここではサリンはできない」と断言しました。しかし、他の「専門家」の中には、河野さん犯人説にのって、河野さんの自宅でサリンができると言う人もいました。私にはこういう意見は全く理解できませんでした。こうした専門家は、責任を取るべきだと今でも思っています。

——地下鉄サリン事件のときの救出体制についてどうお考えですか。

地下鉄サリン事件が起きたとき、私は昭和大学の薬剤部長を兼務していました。救急部長に手伝ってもらい、サリンの解毒剤であるパムやアトロピンを揃えていました。大学の病院にも、比較的軽症の方が二名みえました。

サリンによる被害は、地下鉄の駅側にも、警察側にも、消防署にも、全く想定外のことですから、対応に混乱が生じたのは当然だと思います。むしろ、命がけでよくやってくださったというべきでしょう。

ただここで一番肝心なことは、被曝《ひばく》者を救出するためには、サリンの吸引を避けることができる特別の防護服が必要だったということです。このことを知っていたのは自衛隊だけでしょう。自衛隊への出動要請はもっと早くてよかったのではないかと思います。

サリンはナチスが初めて量産した化学兵器です。極めて毒性の強い化学物質で、少量でもコントロールが難しい。ヒットラーでさえ使いませんでした。オウムが起こした二つのサリン事件では、サリンを合成できる液体をA液とB液に分け、犯行時に両液を混合させ、サリンを発生させる方法をとりました。

地下鉄サリン事件のときには、ポリ袋の中にA液とB液を分けて入れ、実行犯は先のとがった傘の先端でポリ袋を突き刺して両液を混合させるという方法をとっています。

——サリンを作っても犯罪にならないということはあるんでしょうか。

サリンは人を殺傷する以外に使い道がありません。例えば農薬や殺虫剤に使うには毒性が強すぎ、危険で使えないのです。このサリンがオウムによって製造されていることを、九四年の秋までには警察側はつかんでいたといわれています。松本サリン事件が契機となって、サリンの原料となる薬剤についての販売店の聞き込みから、オウムの関係者が大量に原料を買いあさっていたことが裏付けられたこと、山梨のオウム本部脇の土壌から、松本サリンと一致するサリンの分解物が検出されたこと、などです。

それでもオウムの施設に強制捜査ができなかった理由として「日本にはサリンはないことになっていたので、サリンの製造や所持を禁止する法律がなかったから」ということがいわれます。しかし、私はこれには納得できません。今申し上げたようにサリンというものは殺人兵器として使うほかに使い道のないものです。殺人専門の化学兵器なのです。

とすれば、サリンを製造するということは、殺人行為の準備にほかなりません。殺人の準備行為を犯罪として処罰する法律として刑法二百一条に殺人予備罪があります。警察は地下鉄サリン事件の前にこれによりサリンプラントに強制捜査をかけることができたと思うのです。それができなかった理由は、私の推測では、サリンの製造工場に強制捜査をかけて証拠品を押収するときに、サリンによる被曝、特に呼吸器系の被曝を避ける特別の防護体制、防護服ができていなかったことにあると考えています。それほどサリンは日本の社会にとって想定外の、あまりに強烈な毒性を持つものだったといえます。現在は化学兵器禁止法で、サリンの製造は禁止されています。

警察のリーク情報に踊らされるメディアが多い中、冷静に事件をみつめていた報道陣があった。特にその犯人像のとらえ方は秀逸で、もう一息で真犯人オウムに行き着くところまで達していたのである。

（下村健一・慶應大学特別招聘《しょうへい》教授・松本サリン事件当時三十三歳の証言）

——松本サリン事件のときには報道する立場にいたわけですね。

そうです。事件の発生が報じられた当時、私は毎週水曜二十一時から始まるTBSテレビ「情報スペースJ」のニュースキャスターをしていました。事件の発生は九四年六月二十七日月曜日の深夜。翌二十八日火曜日、番組関係者が報道局のスタッフルームに定時で集合したときには、皆すでに朝のニュースで事件を知っていました。

——どんな犯人像をまず考えましたか。

そのとき、事件現場周辺の住宅地図を見てすぐ私が気づいたのは、毒ガスの発生地点である空地のすぐ近くに、長野地裁松本支部の官舎があることでした。私たちは即座に、「裁判所に恨みを持つ者」の犯行の可能性を考えました。

それからすぐ現地に飛びましたが、ガスの発生現場や被害の発生現場には松本署の非常線が張られていて、何も手掛かりは得られません。そうするうち、その日の夜になって警察は記者会見を開き、「事件の第一通報者である会社員宅を、被疑者不詳のまま殺人容疑で家宅捜索した」と発表しました。一応匿名にはなっていましたが、現に報道陣の群がる中でショーのように展開された捜索の現場は河野義行さん宅でしたから、これは実名を出しているに等しい効果でした。

——捜査や報道の流れには違和感がありましたか。

「被疑者不詳」なのに、例えば「過失致死」でなく、ズバリ「殺人」? この二つの言葉の落差に、もう犯行動機まで知っているかのような違和感がありました。でもそれ以上に引っ掛かったのは、この会見で長野県警捜査一課長がポロッと漏らした、「もう事件が繰り返される危険はないだろう」という言葉でした。

犯人が不明なら言えるはずがないこの意味深な一言は、河野さんがガス中毒で入院したという事実と結びつき、報道陣にとって「河野クロ説」の決定的な最初の刷り込みとなりました。捜索が続く河野さん宅の前では、興奮気味に「河野容疑者」という言葉を使うTVリポーターの姿もありました。実際に放送されたかどうかは知りませんが。

以後、ヒートアップした各メディアは、河野さんのネガティブ情報を、噂レベルのものまで競い合うように流していきました。中には、河野さんが入院中の早い段階で弁護士を付けたことを「怪しい」根拠とするものまでありました。

――捜査側の動きにメディア全体が引きずられていったんですか。

私たち「スペースJ」チームは、もちろん河野さんが犯人である可能性も捨てていたわけではありませんが、確定情報があまりにも乏しいので、私が現場リポートなどを撮るときにも、最初から「会社員」「会社員宅」という言い方で貫きました。TBS本社サイドからは、少し情勢が落ちついてから「すまん、今までに撮ったリポートで河野の実名を喋《しゃべ》ってる部分は、当面放送に使えないことになったから、匿名表現で撮り直してくれ」と現場に連絡が来ました。でも、それでボツになる撮影済みリポートは、われわれの番組にはもともと一本もありませんでした。

七月三日になって、〝謎の毒ガス〟はサリンと特定されました。耳慣れないその名前のインパクトで、報道がさらにエスカレートする中、河野さんの退院三日前の松本署の会見で、私は改めて捜査一課長に尋ねました。まだ犯人が不明なのに、なぜ事件発生翌日の段階で、もう危険はないなどと言えたのか、と。

それに対し、彼は満座の記者たちを前に、またも意味深にこう答えたのです。

「それは、突き詰めていけば、自《おの》ずと答は出るでしょう。私が言わなくても、あなたが推定することはできると思う」

自信満々の口ぶり。これはきっと、まだ公表していない「河野クロ」の確証を、警察は隠し持っているに違いない。多くのメディアは、そう思い込んでしまったのかもしれません。でも、そんな推測をもとに一人の市民を犯人扱いすることはできませんから、私たちは、とにかく河野さんが退院したら直接インタビューができないか、その機会を探ることにしました。

――別の犯人像も具体的に探したんですか。

はい。長野地裁松本支部では、われわれの番組スタッフが、事件発生直後のあの直感に基づいて、すでに判決が出た裁判記録の閲覧を続けていました。その結果、二人が、犯人の可能性のある人物として浮かんできました。身辺を洗い、私も一度はそのうちの一人の尾行までしましたが、結局この二人は事件と全く関係ありませんでした。

結果的には「裁判官宿舎ターゲット説」は的中だったにもかかわらず、なぜ私たちは、この調査でオウム真理教にたどり着けなかったのか。実は、『すでに出た判決を恨んでいる者」という仮説に縛られすぎ、「これから出る判決を妨害したい者」まで調べることに、思い至らなかったのです。継続中の事件まで丹念に洗えば、その裁判所で、松本道場を巡って周辺住民と争っていたオウム真理教の姿が、犯人像の一つとしてくっきりと浮かび上がっていたでしょう。あと一歩で、後の地下鉄サリン事件は防げていたかもしれないのに、と思うと、本当に本当に残念です。

――河野さんとの直接インタビューはできたんですか。

ええ。そのきっかけになったのは、河野さんの長女真澄《ますみ》さんとのコンタクトがとれたことです。松本サリン事件発生から十日余りたったころ。各社の現場取材クルーがふっと、いなくなったとき、家の前にいた真澄さんの姿が目にとまりました。私は初対面の彼女に静かに声をかけ、お父さんに宛てて予《あらかじ》め書いておいた一通の手紙を託しました。手紙では、河野さんに向けられた疑惑に対して私たちが実際の放送でとっている中立的なスタンスを自己紹介し、「広く浅くの記者会見と同時に、どこか一つ信頼できるメディアを選んで徹底的にすべてを話す」ことの必要性を説きました。

やがて、河野さんの代理人となっていた永田恒治《ながたつねはる》弁護士から返事があり、私たちは何度も永田事務所に通って、話し合う信頼関係を作りあげました。ここで、永田弁護士にわれわれのスタンスを理解してもらえたことが、八月十九日、河野さん退院後のご自宅での単独インタビューにつながりました。

潔白を主張する河野さんの言い分をたっぷりと紹介したこのインタビューを「情報スペースJ」で放送すると、TBSには「なんで殺人者の肩を持つのか」「遺族の気持ちも考えろ」などといった、義憤に駆られた抗議電話が殺到しました。遺族の気持ちを考えるからこそ、真犯人を突きとめるべく、思い込みや決めつけを排除しようとしているのにです。

それでも私たちは、松本の裁判所記録から割り出した二人と同様に「河野さんにも犯人である可能性はあるが、それとは違う見方もきちんと検討する」という姿勢で取材を続けていきました。

そんな中で、非常に大きな励みになったのは、TV界にもう一つだけ、私たちと同じスタンスを明示している番組があったことでした。テレビ朝日の「ザ・ニュースキャスター」という昼番組です。ここは毎日放送するデイリーの番組だったので、ウィークリーの「スペースJ」より一足先に河野さんの単独インタビューの放送ができ、先陣切って逆風の〝矢面〟に立ってくれました。そのときに中心にいたのが、その番組の磯貝陽悟ディレクターです（124頁参照）。ずっと後になってから知りましたが、面白いことに、彼のほうでは当時「スペースJ」を常にライバル視していたそうです。こちらは連帯感を抱き、あちらはライバル視。ベクトルは正反対なのに、どちらもそれが、逆風下で頑張れる原動力の一つになっていたんですね。後に、その磯貝さんが土台を作ったR・S・Cで僕も理事を務めることになろうとは、当時思いもよりませんでしたが。

――松本サリン事件では、河野さん宅にあった薬品などでサリンができるかどうかが問題になりましたが、この問題について下村さんの番組ではどのような取り扱いになりましたか。

河野さんの家の棚に残っていた薬品の名前をすべてメモして、彼から提供してもらった警察による押収品リストと合わせて、専門家に鑑定してもらい、「河野さんの手持ち薬品をどう組み合わせても、サリンは作れない」という結果を報道しました。これまた、非難ごうごうでしたが。

とにかくあのときは、ほとんどの人が初耳の化学兵器「サリン」の唐突な登場で、メディアも含めて大いに戸惑っていました。あちこちから掘り出してきた専門家と称する人たちの、かなり無理なコメントもまかり通っていた感じで、〈科学報道のあり方〉が問われる事件となりました。

――オウムの存在が意識に入ってきたのはいつごろからですか。

それは、「スペースＪ」に別々に届いた、一通の手紙と一本のＦＡＸが、きっかけでした。手紙はオウムの本拠がある山梨県上九一色村の住民からのもので、「オウムの施設で毒ガス事件があった。その施設に、松本サリンの新聞記事が貼ってあり、不安だ」という内容でした。ＦＡＸのほうには、資料として松本事件が起きる〈直前〉のオウム教団機関誌のコピーがありました。そこには、麻原教祖の説法の一節として、「サリン等の毒ガス現象」という記述があったのです。松本事件より前にサリンという毒物を知っている、しかも直前に言及しているとは、驚きでした。プロデューサーは「オウムとサリンねえ……。そんなアホな、とは思うけど、一応、行っとくか」と言い、ともかく上九一色村はわれわれの取材対象に加わりました。

――その村ではどんなことが起きていたんですか。

現地では、七月九日と十五日に、教団施設一帯で異臭騒ぎが起きていました。私たちは、同月二十五日を皮切りに、以後半年、ほかのメディアの姿を全く見かけない中で何回もこの村を訪ね、サティアンと呼ばれるオウムの施設にも行き、異臭の原因について問いただしました。その中で、「米軍が私たちに毒ガスを撒《ま》いているのを見た」と私に答えたのが、菊地直子でした。後に地下鉄サリン事件などで特別手配となって、長期間逃亡生活を送っていたあの菊地です。彼女は第六サティアンと呼ばれる施設の裏の見張り台に立って、確信に満ちた表情で、米軍機が飛んできたときの様子を語りました。荒《こう》唐無《とうむ》稽《けい》な話ですが、演技のようには思えませんでした。何かを信じ込んでいる者には、時として事実でないことも真実として知覚されてしまうんですよね。カルト取材をしているとよく遭遇する、悪意のない情報歪曲《わいきょく》だな、と思いました。

住民の方々にも、村の公民館で何度かお話を伺いました。異臭がしたことで、松本サリン事件との関連を不安視する思いが、口々に訴えられました。そして驚いたことに、この公民館で私が座っていた位置のすぐ背後の壁のコンセントから、盗聴器が九月に発見されたのです。なんと私たちが、何者かに盗聴されていたのです。さらに、この間ずっと私たちが取材で電話連絡をとり合ってきた村のオウム反対運動の幹部たちの家からも、相次いで盗聴器が見つかりました。

住民の方から、もっとあちこちに仕掛けられているかもしれないので本格的に調べてほしい、と相談を受け、私たちは盗聴器発見の専門業者さんとともに、十月半ば、村内を巡回しました。

盗聴器というのは、仕掛けられた場所の音声を電波に変換して外に発信し、それを別の場所の受信機でキャッチして盗聴する、という仕掛けです。業者さんは、この発信された電波を傍受できる検知器を持って村内をゆっくり回るのですが、驚愕《きょうがく》したのは、その検知器から、麻原教祖のマントラが聞こえてきたときでした。つまり、オウム反対運動の拠点だけでなく、オウム施設内にも盗聴器が仕掛けられている、ということです。誰の仕業か分からないので断定はできませんが、私は、公安による偽装信者の潜入か、あるいは教団が盗聴器を自分たちの信者の監視にも使っているのか、と想像して、底知れぬ闇の拡がりを感じ戦慄《せんりつ》しました。

この問題は、松本サリンの四か月後で地下鉄サリンの五か月前、十月十九日の「スペースJ」でも大きく報道しました。ただし、あくまでも「盗聴事件」という扱いです。いろいろと（文字どおり）怪しい臭いはするけれど、オウムが松本サリン事件に関与している、と報じられるだけの決定的な根拠は、どうしてもつかめずにいました。

——異臭事件や盗聴事件報道で捜査側に変化はありましたか。

こうしたことがあっても、捜査筋からはなおも、「河野に年越しソバは食わせない」といったリークが、漏れ続けていました。つまり年内逮捕を目指す、という暗示ですね。なお、最初にこの見方に火をつけた捜査一課長自身は、その後考えを改め、警察内部で早期逮捕にはやる部下を抑える側に回っていたそうです。彼は事件から二十年を機に、複数のメディアでそう述懐していました。今さら初めてそんな立派なことを言われても、河野さんの名誉回復には激しく手遅れですが……。

——でも、異臭事件は重い意味を持っていたんでしたね。

ええ、明けて九五年の元旦《がんたん》、異臭事件のあった上九一色村の土壌などを検査した結果、サリンの残留物が検出されたという大スクープを、読売新聞が報じました。

ただでさえ好奇の目で見られがちなカルト教団を、証拠不十分なままさらなる偏見に追い込むわけにはいかない、と報道をセーブしてきた私たち「スペースＪ」チームの胸のつかえが、これで一気に取れました。今まで、オウムに関して撮りためてきたけれども、放映を自制してきたすべての材料を出せる。きちんと理論武装を固めた上で、新年第二回（一月十八日・水曜日）のオンエアに向け、チームの総力を挙げて特集を組むことになりました。

ところが、その放送決行前日、阪神・淡路大震災が起こりました。私も含めスタッフ全員が、その瞬間から何週間も、阪神にかかりきりになりました。オウムの件も大事ですが、目の前で現に六千人以上の犠牲者が出ている巨大災害の報道が優先されるのは、当時の判断では仕方のないことでした。


――阪神・淡路大震災のあと地下鉄サリン事件が起きましたが。


ええ。そうしている間に、三月二十日が来てしまいました。地下鉄サリン事件が起きたことは、福岡で別件取材中に乗っていたタクシーのラジオで知りました。「やられた。オウムだ！」一緒に乗っていたディレクターと同時に叫び、まだ何の確証もないうちに、すぐさま九州から上九一色村に転戦しました。

翌々日・三月二十二日（水）の「スペースＪ」は、上九一色村の大々的な家宅捜索の生中継リポートと合わせて、一月十八日に報道していたはずの特集を一気にオンエアしました。大きな反響がありましたが、この放送が予定どおりにできていれば、地下鉄サリン事件は起きずにすんだかもしれない、というやりきれない思いもあります。でも、もし放送していれば、追い詰められた教団が地下鉄での決行時期をもっと早めていただけかもしれませんが。いずれにせよ、それは結果論で、もしあの松本事件から地下鉄事件までの約九か月間に今タイムマシンで戻れたとしても、当時の「最後の確証」が得られない条件下では、私たちはやはり同じ判断をしていただろうと思います。

——そうでしょうね。でも被害者のことを考えると。

そうなんです、被害者の方にはそれではすみません。せめてもの報道者の償いとして、磯貝さんがR・S・Cを設立した後は、その一員となって、非力ながらお手伝いをさせていただいています。

第十章　坂本弁護士一家

坂本弁護士一家の姿が自宅から消えたのが一九八九年十一月四日。公開捜査となったのが十五日。願い空しく、一家の遺体が発見されたのが九五年九月。それまでの六年間、一家の無事救出を求めて幾度集会でマイクの前に立っただろう。街頭に立っただろう。最愛の息子夫婦を、そして孫までをも失ったその悲しさはご本人にしか分からない。それでも、毎年十一月三日の墓参のときにお会いすると、いつも笑みを絶やさず、気丈な人と思ってきた。その人が、改めてその心の内を語ってくださった。

坂本さちよさん

――坂本堤弁護士がオウムの事件をやっていることはご存じでしたか。

私たち夫婦は、堤がオウム真理教の仕事をしていることは全く知りませんでした。八九年は、弁護士になって三年目の年で、「おふくろ、家賃は払えるようになったからな。

心配するなよ」なんて言うぐらいでした。

消費者の立場に立って大企業を相手に戦って勝訴した、アメリカのラルフ・ネーダーという弁護士のニュースを聞いて弁護士を志したぐらいですから、弁護士になっても弱い人のために大きな力と戦うのを信条としていました。労働事件とか、障害者を守ることとかに関心が強かったようです。「お母さんたちが歳をとっても、お小遣いはやれないかもしれないよ」なんて言ってました。

オウム真理教に入信した親御さんが本当に困っている。困っている人を助けよう。堤はほかの事件と同じような気持ちでオウムの事件を引き受けたんだと思います。

――異変に気づいたのはいつごろですか。

八九年十一月二日に、都子さんから、予定していた家族旅行をキャンセルしたという電話がありました。三日に私が電話しましたが、誰も出ません。六日の朝十時ごろもう一度電話しましたけど、このときも誰も電話に出ません。

不安になって午後一時ごろ堤の所属先の横浜法律事務所に連絡を入れましたが、事務所のほうにも来ていないということでした。夜になっても連絡がつかないので、主人に頼んで、堤たちのアパートまで行ってもらいました。やはり、堤と妻の都子さん、孫の龍彦の姿はありませんでした。

十一月七日には、私も堤たちのアパートへ行きました。アパートに入ると、部屋は普段の生活の匂いを残したそのままでした。ここで私は、堤たちに一体何が起きたのだろう、何があったんだろうと強い不安を感じました。

オウム真理教が一番怪しいとは思いましたが、それはともかく、誰であっても三人を無事に返してほしいというのが一番の願いでした。しばらくして、事件が公開された後も、情報がなかなか集まらないまま年月は過ぎてゆき、不安な日々が続きました。

——一家を助け出すために、いろいろな方の協力がありましたね。

弁護士会の皆さんや、「坂本弁護士と家族を救う全国弁護士の会」「オウム真理教家族の会」の皆さんは、本当に堤とその家族を救うために精いっぱいの努力をしてくださいました。

私は、人前で話をするなんていうことは、考えてもいませんでしたけれど、堤とその家族を救うためにはそんなこと言っていられません。集会では、大勢の方の前で、声も膝《ひざ》も震わせながら、無我夢中でなれない話をしました。街頭では大きな声を上げました。

——どんな思いで救出を待っておられましたか。

犯人は誰でもいい。その罪は問わない。ともかく三人を無事に返してほしい。それだけでした。心の中で、「龍《たつ》ぼう。オムツはどうしているのかしら」「こんなに寒いけど、みんな温かいものを食べていますか」「都子さん、しっかりしてね」思わずそんな言葉が声に出る毎日でした。

「生存の見込みは薄いよ」と面と向かってそう言う人もいました。でも、堤は生きている。どんな困難があっても、必ず頑張れる。小さいときからそういう子だった。芯《しん》のしっかりした都子さんのことだもの、龍彦を守って必ず元気でいてくれる。そう念じていました。

堤と家族を救い出す運動をしているさなか、主人が勤務先で労働災害にあいました。何とか命は取りとめたものの、重傷です。主人は伊豆《いず》の修善寺《しゅぜんじ》の温泉病院で、つらいリハビリに取り組む毎日になったのです。私は、堤たちのことで、今日こそ、明日《あした》こそ、主人に良い知らせを届けたいという一心で、自宅にも戻れず伊豆と横浜とを往復していました。

――地下鉄サリン事件のことは憶《おぼ》えていらっしゃいますか。

九五年三月二十日、その温泉病院のテレビを見ていて、地下鉄サリン事件のことを知りました。地下鉄の入り口のわきに、屈《かが》み込んでいる人や、仰向けに横たわっている人が映っていたのです。それが、化学兵器を使ったテロだと分かって、一体どんな人がそんなひどいことをしたんだろうと思いました。

しばらくたって、それがオウムの仕業だと分かったときには、本当にびっくりしました。同時に、堤たちのことが心配になりました。

――堤さんとご一家のことは本当に残念な結果でした。

とうとう三人がオウム真理教の手で殺されていたことが分かりました。

三人の遺体捜索のときには、とてもニュースなど見ることはできませんでした。マスコミが自宅に押しかけてきましたけれど、私は自宅から逃れて、密《ひそ》かに過ごしていました。

三人がこんな形で帰ってきたことは残念という言葉では表しきれません。三人は信越の山中に離ればなれに埋められていたということです。お互いに寂しかっただろうと思います。遺体が見つかり、今は円覚寺松嶺院の墓地に三人一緒にしてあげられました。これがせめてもの慰めです。

それからもう一つですが、警察が堤たち一家の事件を真剣に捜査していたなら、松本サリン事件や地下鉄サリン事件は起きなかったのじゃないのか。堤たちのことが、せめてほかの被害者を出さないことに結びついていたらと思います。

――今はどうしておられますか。

失ったものが大きすぎて、今でも立ち直れているわけではありません。事件から二十五年がたとうとしています。もしこんな忌まわしい事件に巻き込まれていなければ、堤は五十八歳。社会のお役に立てていたかもしれません。都子さんもそうです。龍彦は二十六歳。社会人として夢の多い人生を送っていたでしょう。同じ年代の人を見かけると、そのたびに寂しさがこぼれだしてきます。今でも、堤たちのことになると、とても冷静には話すことができないのです。

事件が起きたときには五十八歳だった私も、八十三歳になりました。今は娘に助けてもらいながら、杖《つえ》に助けてもらいながら、暮らしています。

断章

断章一　もう一つのサリン事件

松本サリン事件の前にあった三件のサリン事件

サリン事件といえば、松本サリン事件と地下鉄サリン事件を想起するだろう。それだけその事件が社会に与えたインパクトが大きいということだ。

しかし、オウム真理教が殺人をもくろんでサリンを使用したことは、松本サリン事件前に三回あるのだ。

一回目は一九九三年十一月中旬、東京都八王子《はちおうじ》市内にある創価学会の施設内に池田《いけだ》大《だい》作《さく》会長が滞在しているとの情報に基づき、同会長を殺害する目的で、サリン噴霧器を積載した乗用車から施設周辺にサリン溶液を六百グラム噴霧したが、未遂に終わったというものだ（このとき、故村井秀夫、新実智光〈一八年死刑執行〉など実行に当たった四名は、車内で防毒マスクをしていなかったために、手足が震える、息が苦しくなる、目の前が暗くなるなどのサリン中毒症状に襲われたが、あらかじめ用意してきた治療薬パムを注射して事なきを得たという。攻撃側にとっても、いかに扱うのが危険な兵器かということが知れる）。

二回目は同じ年の十二月十八日、やはり池田氏が滞在しているとの情報に基づき、八王子市の創価大学近隣施設でサリンを噴霧し池田氏を殺害しようとしたが未遂に終わったというものだ（このときにも、新実が防毒マスクをはずしてしまったため、サリンを吸引し一時は人事不省の重体となったが、オウム真理教付属病院で一命を取りとめたという）。

オウムがなぜ池田氏を、といぶかる向きもあるかもしれないが、麻原は日ごろから「創価学会が、オウム真理教に入ろうとしている者を改宗させている。オウム真理教の信者が創価学会並みに増えないのはそのためである。池田大作は仏敵であり、ポア（殺害）しなければならない」と言って池田氏を敵視していた。そこから弟子に命じて起こした事件とされている。ただし、事件が発覚したのが、オウム裁判が始まってからのことであり、サリンの残留物の捜索も困難なことから、起訴はされていない。

三回目は滝本太郎氏の証言にあるとおり、九四年五月九日甲府地方裁判所で、滝本弁護士の車両のボンネット内にサリンを滴下して滝本氏を殺害しようとしたが未遂に終わったというものである。この事件は起訴され、滝本サリン事件と呼ばれる。麻原と実行犯など五人が殺人未遂で有罪となっている。

これらの三件の事件は、松本・地下鉄の無差別化学テロの序曲となっていたわけで、しっかり記憶にとどめていかなければならない。だが、この事件については、事件当時被害者も被害に気づいていなかったことに加え、事件の発覚が九五年上九一色村への大規模な強制捜査に続くオウム幹部の逮捕後となっていることから、地下鉄サリン事件を防ぐことができたかという文脈の中では、大きな関係は持たないといえるだろう。

ここで取り上げたいのは、松本（九四年六月二十七日）、地下鉄（九五年三月二十日）両事件の間に発生した、もう一つのサリン事件だ。警察庁がこの事件の意味さえ的確に読み解いて勇気を持って行動していれば、地下鉄サリン事件は必ず止められたはずなのである。

もう一つのサリン事件

もう一つのサリン事件は、九四年七月、富士山の裾野《すその》に広がる山梨県西八代《にしやつしろ》郡上九一色村（当時）で起きた。上九一色村には、元国有地を開拓民が払い下げを受けたが、開拓が思うに任せず、捨て値で手放した広大な土地があった。

南東に雄大な富士山を望むこの土地の一部が、何に使われるでもなく眠っていた。富《ふ》士ヶ嶺《じがね》地区と呼ばれる地域である。

オウム真理教は、この地区の土地を買いあさり、八九年夏からここに三十棟の施設を続けて建てる。この地は、オウム真理教の本部があった静岡県富士宮市に接している。車を使えばさほどの距離もない。

オウム真理教では、その施設を「サティアン」と呼んだ。サンスクリット語で「真理」という意味である。宗教的な建物であれば、それなりの装飾的なものがあってよさそうなものだが、これらの施設は工場としか思えない無機質な建物だった。

その周辺は酪農が盛んな地帯で、数軒の民家が点在していた。住民にとって、突然のように群をなして建設されたこの施設は不気味以外の何物でもなかった。

富士宮にある二つのオウム真理教の施設と、上九一色村にある多数の施設は、その建設された順に通し番号で呼ばれていた。富士宮には、第一サティアンと第四サティアンがあり、残りは上九にあった。

問題は上九の第七サティアンとこれに隣接してあった施設「クシティガルバ棟」である。クシティガルバというのはオウムの幹部土谷正実《つちやまさみ》に対して麻原が与えたホーリーネームである。

松本サリン事件から十二日がたった七月九日午前一時ごろ、周辺の民家の住人は猛烈な異臭で目を覚ますことになる。住民の一人は、どこから異臭が出ているのか様子を見に外に出る。臭いは第七サティアンのほうから来ていた。第七サティアンに向かっていくと、臭気はますます強まった。そこには、十人ぐらいのオウム真理教信者たちの姿があった。男性ばかりだった。声をかけたが、無言のまま。途方にくれたような表情が見て取れた。

酪農地域なので、家畜や肥料の臭いには慣れている。しかし、それとは全く違う臭いだった。胸が苦しくなり、吐き気が襲ってくる。住民たちも途方にくれた。口をタオルで押さえて高台へ逃げた家族もいた。それでも臭いは追ってきた。このままでは死んでしまう。真剣にそう言う人が出るほど、その異臭は強烈だった。臭いの中に化学的なものを直感した人もいた。

通報を聞いて富士吉田《ふじよしだ》署の巡査と保健所員がやってきたのは午前十時過ぎ。このときにはすでに臭いは消えていた。住民から事情を聞いた巡査は、第七サティアンに立ち入って調査をしようとしたが、信者が「なぜ入るのか」と言って立ちふさがり、立ち入りを阻止された。

第七サティアンの敷地の裏には硫酸と書かれたポリ袋がむき出しのまま、第十一サティアンの敷地の裏には苛性《かせい》ソーダの空き袋が何袋か、どちらも放置されていた。

異臭事件は十五日にも起きた。今度は午後八時ごろ。同じような猛烈な臭いである。今度はすぐに二人の巡査が富士吉田署から駆けつけた。住民十数人と警官とで臭いがどこから来るのかを確認したが、やはり、第七サティアンに近づくにつれ、異臭が強まった。

第七サティアン前のブナの木や、イチョウ、シダなどが夏にもかかわらず枯れていた。警官は敷地に入ろうとした。今回も頑強にこれを拒否する信者との小競り合いになり、結局施設に入ることはできなかった。

同じような異臭事件は秋にも起きている。

これが、上九一色村で起きた異臭事件と呼ばれているものである。

読売の大スクープ

年を新たにした九五年一月一日。この異臭事件は新たな展開を見せる。読売新聞の一面トップは、元旦《がんたん》とは思えないような見出しが躍っていた。

「山梨の山ろくでサリン残留物を検出」『松本事件』直後、関連解明急ぐ」

スクープ記事には、初めてのサリン事件があった長野県松本市と上九一色村の位置を一枚で示す地図が付けられている。一回目の悪臭騒ぎのあと、山梨県警が「現場一帯を詳細に調べた結果、草木などが不自然に枯れて変色した場所が発見された。一帯で草木や土壌を採取、警察庁科学警察研究所に鑑定を依頼したところ、昨年十一月末になって、土壌からサリンの残留物である有機リン系化合物が検出された」というのだ。

まさに衝撃的な記事だった。

科学捜査を担当する機関として、科学警察研究所と科学捜査研究所とがあるが、とりあえず科学警察研究所は国の機関、科学捜査研究所は都道府県の機関と考えてもらえばよい。科警研が国の機関であったからこそ、また国の視野で評価すべき資料であったからこそ、山梨県内上九で採取されたものについても科警研で鑑定がされたのだ。ちなみに、山梨県にも科捜研はある。

この記事によって何が変わったのか。

上九一色村で起きた「異臭事件」が、「サリン事件」に変わったということだ。これが第一の変化だ。

第二は何か。サリンを生成した際に生ずる有機リン系の残留物は、松本サリン事件の現場からも発見されている。サリンは誰でも簡単に作れるものではない。仮に作ろうとしても、生成したサリンから自分の身を守ることがまた難しい。このことは黒岩幸雄氏の証言の中でも明らかにされてきたことである。

とすれば、読売の記事も示唆しているとおり、松本サリン事件と、その十二日後に起きた上九一色村のサリン事件の犯人は同じと考えなければいけない。別の犯人がたまたま十二日を置いて、サリンを製造放出させた、というのはあまりに不自然だ。

その結果、河野義行さんの松本サリン事件についての疑いは晴れるということになる。上九一色村でサリンが放出された九四年七月九日、十五日については、河野さんに完全なアリバイが成立する。河野さんはサリンに被曝《ひばく》したために、同年六月二十七日から七月三十日まで、松本署の監視のもと、松本協立病院に入院していたからだ。

河野さんシロ。これが第二の変化だ。

しかし残念なことに、長野県警の中枢は、ここに至ってもこの変化を見過ごし、河野氏犯人説にしがみついていた。お粗末な話である。

第三の変化は、当然ながら松本サリン事件の容疑が、異臭の発生源でありサリン残留物が発見された施設の持ち主、オウム真理教に向けられなければならなくなったということである。この点が最も重要である。

長野・神奈川県警捜査の進展

オウム真理教を松本サリン事件の容疑者と想定した捜査は、「上九一色村異臭事件が実はサリン事件であった」と分かる九四年十一月以前から、一つの県警によってすでに始められていた。

まず長野県警は、松本サリン事件直後、コードネーム「Y」という秘匿捜査チームを立ち上げている。河野さん犯人説に疑問を持って作られたチームだ。Yとは、オウム真理教そのものを指す。チームには理系の捜査員が集められた。

このチームは、まずサリン製造に必要となる十四の薬品中の一つである、メチルホスホン酸ジメチルの購入者を、全国の化学工業品卸業者にしらみつぶしに当たって調べることから捜査を始めた。

全国の卸業者は二百三十二社。すると、この化学薬品を大量に、それも現金で購入している不審な人物に行き当たった。その住所は、世田谷のマンション。行ってみれば、オウム真理教の拠点施設である。大量購入されたサリンの原料は、上九一色村に運ばれていることも分かった。九四年八月のことである。

長野県警は、この捜査資料をもとに一気にオウム真理教の施設に強制捜査ができると考えていた。

一方神奈川県警は、オウム真理教とサリンの関係を明らかにするため、全国のオウム真理教の十七拠点に二十四時間の張り込みをかけ、出入りしている薬品業者をあぶり出した。その結果、全国三百一業者から、大量のドラム缶入り農薬がオウム真理教のダミー会社によって購入され、上九一色村のオウムの施設に運び込まれていることをつかんだ。いずれもサリン生成に必要なものばかりだ。

神奈川県警も、オウム真理教施設への強制捜査が可能と考えていた。

松本サリンと裁判官宿舎

オウム真理教に容疑を絞り込むべき根拠はもう一つあった。それは、松本サリン事件を見直せば浮かんでくることである。

長野県警は、サリンが生成放出されたところは、河野邸だと発表し、実際事件発生の翌日に河野邸の強制捜査を行っている。しかし、これは県警の河野犯人説をマスコミに印象づけるための作戦に過ぎない。次頁の松本サリン事件発生現場周辺図を見てもらいたい。

まず、サリンの残留物が発見されたのは、河野邸の中ではなく、河野邸の南側にある駐車場である。この駐車場はある会社が管理していたもので、河野氏が使っていたものでもない。

次に見直すべきは、容疑が殺人である以上、誰を目指してサリンが発散されたとみるのかだ。この点で、裁判官宿舎が目標だった可能性があるとみて、事件のすぐあとから調査を続けていたのは、下村健一氏の証言のとおり、同氏をキャスターとするＴＢＳ「情報スペースＪ」のスタッフだった。

裁判官宿舎目標説はその後大いに広がりをみせる。

九五年元旦の読売スクープの後、週刊誌によるスクープ合戦が行われる。一月十八日付発行のFOCUS、十九日付発行の週刊新潮、二十日付発行の週刊朝日、二十二日付発行の週刊読売、二月二日付発行のマルコポーロと続いた。

この中で、最も秀逸だったのは週刊新潮だった。記事は、九〇年に阿蘇《あそ》の外輪山にある熊本の波野《なみの》村《そん》で起きた事件にさかのぼる。

松本サリン事件発生現場周辺図

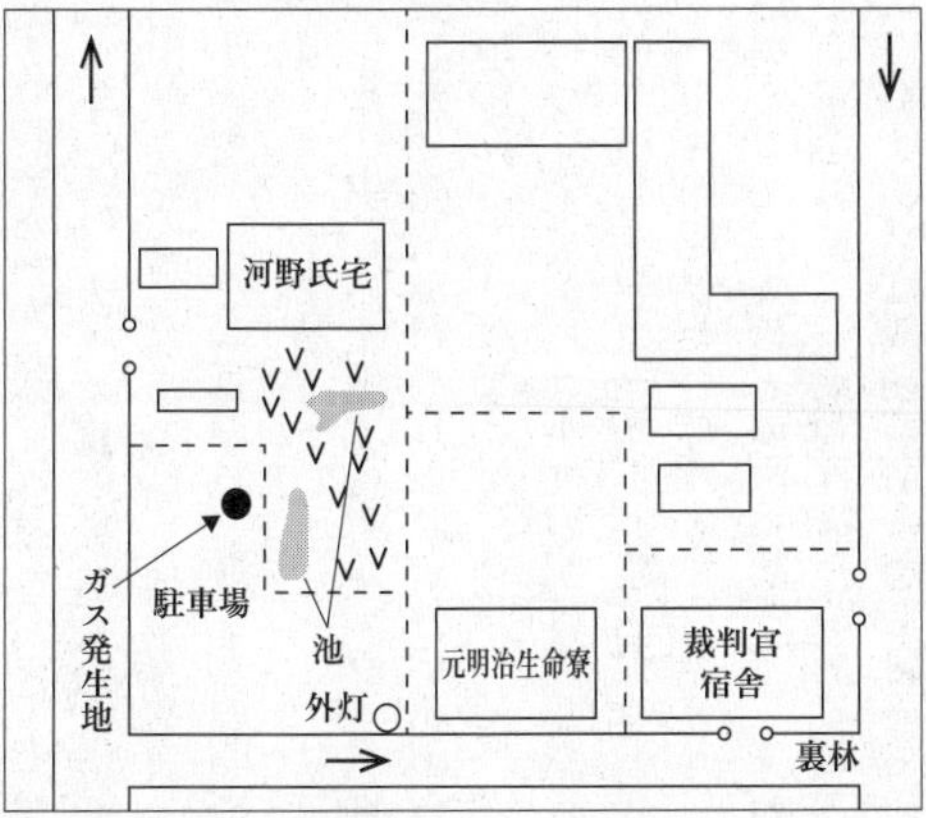

オウム真理教が波野村に土地を買い占めたことが判明して以来、オウムの拠点施設化に反対する住民とのいさかいは告訴告発合戦となっていた。波野村の人口二千人のところに、五百人のオウム信者が来る。いずれは六千人来るという話もあった。

村がのっとられてしまう。そういう危機感を抱いた村は、オウム真理教に立ち退き料を払うことで和解する。その立ち退き料は、村の予算の四割を占める九億二千万円(これが、さらにオウム真理教の全国の土地買いあさりの資金に当てられたことは想像に難くない。要するに、波野村の立ち退き料は、オウム真理教を村から全国各地にシフトしただけの意味しかなかったのだ)。

九一年三月、オウム真理教が松本市近郊に取得した土地(正確には、約百坪を地主から賃借し、残る百五十坪を同じ地主から買っている)にオウム真理教の施設が建設されると分かって、オウム真理教と地主との間に裁判が起きる。地主の背後には、オウム真理教と敵対する住民がいた。

地主は、実際の土地取得者がオウム真理教と知らずに渡したのだから、契約は無効と主張した。売主が起こした仮処分が認められ、オウム真理教は施設の建築面積を三分の一に削られることになった。

次いで、地主からは土地の明け渡しを求める本裁判が起こされていて、その口頭弁論は九四年五月十日に結審。判決言渡は七月十九日と迫っていた。そこに六月二十七日夜サリン事件が起きたのだ。

さてそこで、先ほどの図に戻ろう。そのサリン発生場所から東側に目を移すと、元明治生命寮を隔てて、裁判官宿舎があることが分かる。この寮でも多数の被害者が出ている。当然サリンは裁判官宿舎をも襲っていた。

週刊新潮の記事は「六月二十七日深夜、猛毒サリンが突然発生して、七人が死亡し、重軽症者あわせて二百人を超える未曽有《みぞう》の大惨事が起った。その被害者の中に、オウムの裁判に関わっていた裁判官が含まれていたのである。オウムの裁判は三人の裁判官による合議制だったが、その三人ともが、事件の第一通報者の河野義行さんの自宅裏に位置する裁判官宿舎に住んでいた」としたあと、地元の法曹関係者の話として、「（オウム真理教事件の）裁判長は松丸伸一郎《まつまるしんいちろう》判事で、右陪席が小池喜彦《こいけよしひこ》判事、左陪席が青沼潔《あおぬまきよし》判事補だったんですが、このうちの青沼さんが入院しちゃったんですよ。松丸さんと小池さんは軽症で済んだんですが、実は、この青沼さんが判決文を書くことになってましてね。体調が悪くなった影響で判決予定日が延びたんです」と続く。

判決言渡期日は、年を越しても指定されなかった（なお、この事件はその後、長野地裁本庁に移送され、オウム真理教破産後、土地建物は破産管財人の阿部三郎弁護士から住民に返還されている）。

一週刊誌がここまで調べられたものを、長野県警が調べられないわけはない。当然オウム真理教真犯人説は県警内でも一つの流れとなって、「Y」秘匿捜査チームの立ち上げにつながっていったのだ。

警察庁の逡巡《しゅんじゅん》

長野県警と神奈川県警は、それぞれの捜査結果に基づき、松本サリン事件の容疑者をオウム真理教とし、その拠点組織を強制捜査することが相当とする報告書を、それぞれ九四年八月に警察庁に提出する。

ごく簡単にいえば、警察庁は各都道府県警の上部組織と考えてよい。ホームページには「広域組織犯罪への対処などについて都道府県警察を指揮監督する国家公安委員会管理の特別の機関」とある。管理が公安委員会であることから「公安」と略称されることもある（ただし、「公安」というのは、ほかの意味でも使われることがあるので注意が必要だ）。オウム真理教が全国各地で紛争を起こし、疑われている犯罪が広域に及ぶ以上、この事件は警察庁の取り扱いとなる。

二つの県警からの報告についての処分を担当した刑事局長は庁内にオウム真理教専従班を置き、両県警の取り組んでいる件について担当させることにする。危機管理意識が感じられない、いかにもゆるい判断である。屋上屋を架し、問題を先延ばししたに過ぎない。

そして十一月。ついに上九一色村の異臭事件の原因物質がサリンであることが科警研の報告で明らかになる。ここが最後のチャンスだった。警察庁は陸上自衛隊の協力も得た。陸上自衛隊化学学校の教務は、上九一色村を視察し、第七サティアンには浄化装置と見られるものが多数敷設されていることから、サリンに関連しているとすれば、第七サティアンは実験棟ではなく製造工場と考えられるとの判断を警察庁に報告する。

それでも、警察庁は動かなかった。

その理由の一つとして、当時はサリンの製造を禁止する法律がなかったことをあげたという。しかし、かけられている容疑は、松本サリンによる大量殺傷。サリンを「作った」ことではなく「使った」ことが問題だったのである。

しかも、サリンは人を殺傷する以外に何の用途もない毒ガスである。したがって、サリンを製造すること自体、殺人の準備行為として殺人予備に該当する（このことは黒岩幸雄氏が証言しているとおりで、実際にも、サリン製造にだけ関与した者は、後に殺人予備罪で起訴され、処罰されている）。とすれば、強制捜査に踏みきるのに、サリン製造を禁ずる特別の法律は必要ではなかったのだ。

当時の警察庁側が動けなかったもう一つの理由としてあげるのが、松本サリン河野犯人説を捨てきれずにいたということである。ここまで来てそれを言うのかという思いだ。

こうして一旦《いったん》滑り出してしまった見込み捜査の結果は、長野・神奈川県警の目を見張る捜査結果をも度外視して、取り返しのつかない結末へと向かっていった。

もう一つのサリン事件が持つ重み。この重みをなぜ生かせなかったのか。両県警の捜査がオウム真理教をそこまで追い詰めていながら、地下鉄サリン事件は起きた。ここに筆者は悔やんでも悔やみきれないものを感じている。

断章二　地下鉄サリン麻原裁判で争われたもの

はじめに

麻原が被告となった裁判では、十三の事件が裁かれた。この中には二十六人に対する殺人罪と一人に対する逮捕監禁致死罪が含まれている。裁判は、公判回数二百五十七に及び、第一回公判から約七年十か月たった二〇〇四年二月二十七日に死刑判決が言い渡された。東京地裁での公判回数で最も多いのは、リクルート江副《えぞえ》事件の三百二十二公判だが、おそらくこれに次ぐものだろう。

弁護人としては、当初横山昭二という独特のキャラクターを持つ弁護士が麻原から私選で選任された。しかし公判期日直前に麻原から解任され、一度再任されたが、その後再度解任されるという波乱の幕開けとなる。

その後、国選弁護人がつくことになった。国選弁護人には、十二人が選任された。事件数が多いことが考慮されたものと思われる。

弁護団は十三事件すべてについて無罪と主張した。これによって、麻原裁判は全面戦争の様相を帯びた。ここで、地下鉄サリン麻原裁判でどんなことが争われたのか、裁判所はそれにどのような判断を下したのか、争点ごとにお話ししよう。

ポアについて

麻原裁判には、地下鉄サリン事件に限らず、麻原が言った「ポア」という言葉の解釈が争われた。検察側は「ポア」は殺人を意味すると主張した。

弁護団は「ポア」とは殺人を意味するものではなく、本来、意識を身体から抜き取ってより高い世界へ移し替えるチベット密教のヨガ的秘法を意味するものであり、教団では本来の仏教用語である通常意識の変容という意味で使用されてきた。麻原被告は、説法や弟子たちとの話の中でポアという用語を用いたが、一度も殺人を肯定する意味で使用したことはない。こう言って真っ向からこれを否定した。

ポアとはもともとチベットの仏教用語"Phowa"で「人の意識を移す」、中でも「死後、人の意識を仏界に移す」ことを意味するものとされている。この点からは、一見弁護団の主張が仏教用語に近いように見える。しかし、暴力団内の隠語として「タマをとる」という言葉があり、一見球体状のものを取ることのように思えるが、実際には抗争相手の組の幹部の命(魂)を取ることを意味している。連合赤軍では、「総括する」という言葉が殺すことを意味していた(連合赤軍は七〇年初期に活動した極左テロ組織。同志に対するリンチ殺人事件などを起こした)。組織内で使われている言葉の意味は、その組織内でその言葉が通常どのような意味で使われているかに基づいてしか判断ができない。

裁判所は、事件より前に、麻原が行っていた説法の内容を吟味した。説法の中に「例えばグル（麻原のこと）がそれを殺せと言うときは、相手はもう死ぬときに来ている。そして、弟子に殺させることによって、その相手をポアする。一番いい時期に殺されるわけだ」「Aさんは生まれて功徳をつんできたが、その後地獄に堕《お》ちるほどの悪行をつんで死んでしまうだろうという条件があったとき、このAさんを成就者が殺したら、Aさんが永遠の不死の生命を得ることができる」「生かしておくと悪行をつみ、地獄に堕ちてしまう。ここで、例えば命を絶たせたほうがいいんだと考えポアさせた。これは立派なポアです」とある。説法の内容はビデオに撮られていた。裁判所はこうした証拠に基づいて、麻原が殺人をポアと称し、これを肯定する考え方を示したと判断した。そして、地下鉄サリン事件でも、ポアという言葉を、麻原は「殺す」という意味に使っていると判断している。

サリン

地下鉄に撒《ま》かれたものが、サリンだったのかが争われた。

検察側はもちろんサリンであるとした。

弁護側は地下鉄サリン事件で散布されたものがサリンであることについては、重大な疑問があるとした。この主張が通るとすれば、地下鉄サリン事件は、実はサリン事件ではなかったことになる。確かにそれは重大な問題だ。地下鉄で撒かれたものがサリンでないとすれば、サリンを撒いたオウムの実行役のほかに、別の毒ガスを撒いた真犯人がいることとなる。

弁護側は、サリン事件の現場に撒かれたものがサリンだったとの鑑定は確かにあるけれども、その鑑定に回されたものと、現場に残されていたものとが、本当に同じものかどうかが証明されていないと言って争ったのだ。

裁判所はこう判断した。

裁判所の判断は、三路線五方面についてほぼ同じなので、地下鉄千代田線についてみてみよう。地下鉄サリン事件の実行役の一人である、林郁夫は、霞ケ関に向かう電車内で、新聞紙に包んだサリン液の入ったポリ袋を傘で刺し、サリンを散布したと認めている。

この電車が午前八時十二分ごろ霞ケ関駅に到着する。電車の床に液が流れ出し、その液が気化して車両内に拡散して、座席に倒れ込んだり、咳《せ》き込んだりする乗客が出ていた。

二人の助役（なお、この二人の助役は殉職された）が電車内から新聞に包まれたポリ袋をホームに出し、電車内に流れている液体を新聞紙で拭《ふ》き、これらをビニール袋に入れて駅事務室まで運んだ。警察官は駅員から、機動隊処理班の手を借り、このビニール袋の任意提出を受けて領置した。この領置物は大宮にある陸上自衛隊化学学校に運ばれ、鑑定資料として警視庁科捜研薬物研究員ほかが鑑定した結果、ビニール袋内の液体と新聞紙からサリンが検出された。したがって、領置物と鑑定資料は同じものであり、サリンである。

ようするに、地下鉄で採取されたものが、鑑定資料とされる前にすり替えられたことはありえないという判断だ。

死因

被害者が死傷したのが、サリンによるものかが争われた。

検察側は当然、サリンによる死傷と主張した。

弁護団は、これに対し、被害者がサリンに被曝《ひばく》し、その結果サリン中毒により死傷したことが証明されていない、と主張した。

事件現場にあった液体や新聞紙に含まれているものがサリンであったことについては、前のサリンの項で決着がつく。それとは別に、なぜ弁護団はこんな主張をしたのだろう。

そのカギは、使われたサリンが不純物を含む混合液だったことにある。死傷が出たのは、サリンではなく、その不純物によるのではないか。こう言っているのだ。

普通の人はこう言うだろう。サリンだろうと不純物であろうと、それで人を殺傷したなら同じではないかと。なぜ、そんなくだらないことを争っているのかと。

だが、弁護する側は言うだろう。人を殺傷したとして罪を問う以上、その凶器が、金づちなのか棍棒《こんぼう》なのか分からないのではすまされないだろうと。

裁判所はこう判断した。

裁判所の判断は、三路線五方面の各被害者についてほぼ同じなので、千代田線で殉職した助役のケースについてみてみよう。

午前八時十二分ごろサリンが散布された車両が霞ヶ関駅に着き、被害者が出ていたので同助役がサリンを新聞紙で拭き、片付けているときに意識を失い日比谷病院に搬送された。このとき、サリン中毒にみられる、はっきりとした縮瞳《しゅくどう》があった。九時二十三分ごろ同助役は死亡した。

解剖医の鑑定によれば、解剖時に採取された脳組織にはサリン中毒にみられる特有の症状があり、サリンの分解物が二種類検出されている。しかも急死であり、冠動脈硬化症などいくつかの症状はあるが、いずれも死因とは考えられず、ほかに死因とみられるものがない、とされている。これらのことから、同助役は、地下鉄千代田線霞ヶ関駅構内で、サリンガスを吸入し、サリン中毒により死亡したものと認められる、と判断したのだ。

弁護団が、サリン以外の物質により死傷者が出たとするなら、サリン以外の何が想定できるのか、仮説を提示するべきだっただろう。これが無罪を争う弁護士の宿命だ。ここでは、何もそうした仮説が立てられていない。その意味で弁護団の主張は説得力を欠いているように思う。

幹部の独走

地下鉄でサリンを撒くことについて麻原は関与していたのかが争われた。これが、この事件の最も重要な争点だった。

検察側は地下鉄サリン事件は麻原の首謀によるものと主張した。

その最大の根拠は、事件の二日前である九五年三月十八日未明、高円寺《こうえんじ》にある教団経営の飲食店から上九一色村の教団施設に向かう麻原専用のリムジン車内で、麻原、村井秀夫、井上嘉浩、遠藤誠一、石川公一、青山吉伸が同乗する中、地下鉄でサリンを散布する謀議（リムジン内謀議）がなされたことにある。

弁護団はこれに対し、事件は教団幹部（村井秀夫、井上嘉浩）が麻原を差し置いて企画立案した上、その指揮のもとに実行させたもの。麻原はこの事件についての共謀に加わっていないと主張し、リムジン内謀議も存在しないとした。これが、幹部独走説で、麻原無罪論の根幹となる主張だ。

裁判所はこう判断した。

第一に、リムジン内謀議を認めた。この謀議の中で、教団施設に対する強制捜査を阻止するという犯行の目的、地下鉄内でサリンを撒く犯行の方法、犯行の指揮系統、実行役の人選や犯行の役割分担など、犯行の骨格が決定されたとしている。

第二に、その上で、リムジン内謀議以外にも、この事件が幹部の独走によるものではなく、「麻原の主導のもとに実行されたことを裏付ける事実がいろいろあるのだ」ということを丹念に拾って麻原有罪を認定している。

私がこの判決を評価するのは、リムジン内謀議の点よりも、それ以外の事実のつみかさねの部分でだ。リムジン内の謀議については、少し難しい問題があった。リムジン内には麻原以外に五人が乗っていたが、この五人の言うことが一致しないのだ。

全体の指揮役だった教団ナンバー2の村井は刺されて死んでいて何も言えない。青山は弁護士らしく、自分に刑事責任が及ぶおそれのあることだからと、証言拒否権を使って黙秘する。

灘《なだ》高卒東大現役合格という秀才の石川は、ほかの三件の容疑をくぐり抜けた。オウムの元幹部の中では珍しく、どの事件でも起訴されていないのだ。ここで自分に不利なことを言うわけもない。謀議はなかったと言った。

残るは遠藤と井上となった。リムジンの中で遠藤は、麻原から「サリン造れるか」と聞かれ、「条件さえ整えば造れると思います」と答えたことだけを認めた。だが、地下鉄にサリンを撒くことや、実行役を誰にするかといった、具体的な話はなかったと証言した。

遠藤が言いたかったことは、自分はサリンを造ることは指示されたが、それがどう使われるかは知らなかったということだろう。これが認められれば遠藤の罪は殺人とはならず、殺人予備にとどまる可能性がある。

検察が一番頼りにしたのが井上だ。井上は何もかも認めた。ところが肝心なところで、

「実は、リムジン車内では地下鉄電車内にサリンを散布することはまだ決定していなかった」と矛盾する証言をしたのだ。

結局裁判所は、井上証言のイイトコだけを取ってこれは「信用できる」と言い、都合の悪いところは「信用できない」と切り捨てて、リムジン内謀議を認めた。

これでよかったかどうかは評価の分かれるところだろう。

しかし第二の、リムジン内謀議以外の裏付け作業に緻密《ちみつ》さが光る。そのうちでも、遠藤が十八日、十九日と麻原からサリンの製造を急がされていたこと、純粋な形のサリンではなくてもよいからそのまま使えと言われたことを遠藤の証言から取っている。信用性がイマイチな井上ではなく、遠藤から証言を取ったことの意味は大きい。

もう一ついえば、地下鉄にサリンが撒《ま》かれた二十日、上九一色村に戻ってきた実行役に、麻原が「科学技術省の者にやらせると結果が出るな」「ポアは成功した。シバ大神も喜んでいる」「『ポアしてもらってよかったね』というマントラ（念仏のようなもの）を一万回唱えるように」などと言って、地下鉄にサリンを撒き多数の被害者が出ていることを知っていなければとらないはずの態度をみせた。それを実行役である、横山真人や広瀬健一が証言していたことが大きかった。

裁判所のこうした手法は、組員が抗争相手の組幹部のタマを取ったときという事件で、組長の首謀を認めるときと似ている。いずれにしても、麻原あっての教団。教団の存亡に関わるこれほどの大事件。これを幹部独走論で守らなければならなかった弁護団も、苦しかったのではないだろうか。

弁護団の苦しみはそれだけではない。

弁護団長の渡辺脩《わたなべおさむ》弁護士は私の旧知の仲だ。渡辺氏は、七〇年代からこの事件を引き受けることを運命づけられていたといってもいい人物だ。

当時極左過激派の重罪事件で、弁護人が辞任したり、被告人が弁護人を解任したりして、事件を長期化する戦術がとられた。

重罪事件は必要的弁護事件といって、弁護人がいない以上、裁判が進行できないと定めている。このままでは、過激派の事件について裁判が進められない。

これに業を煮やした法務省、最高裁、政府は一体となって、このような戦術がとられたときには、弁護人抜きでも裁判が進められるように、制度を変えようとした。

この改正法案には弁護士会が挙げて反対する。その反対運動の中心にいたのが、まだ四十代半ばの渡辺氏だった。

この法案は、弁護士会と最高裁判所との間で交わされたある「合意」をもとに、廃案となった。

それは、被告人に弁護士が欠ける事態になったときに必ず弁護士会が国選弁護人を推薦する、というものだ。

渡辺氏はこのとき、どんな事件であれ、弁護士会から国選事件について弁護を求められたときは必ず受けようと固く心に決めたという。

九五年の十月、その弁護士会の副会長から、ほかに引き受け手が見込めないある「被告人」について、国選弁護人として受任してほしいと電話が入る。「オウム事件、特に麻原被告の弁護人を引き受ければ、家族に嫌がらせがあったりする可能性があり、迷惑がかかるという話もある。私は、『それにしても、女房と相談ぐらいさせてくれ』と言うと、副会長は、『もっともだ』と答えたが、『時間はどのぐらいあるのか』と聞くと、『五分以内』と言うのだ。いったん切って妻に電話したが、妻は『じゃ、私が嫌だと言えば、断れるの?』と言う。『そうもいかんだろう』と答えると、妻は『それでは何のため聞くの?』」（渡辺脩著『麻原を死刑にして、それで済むのか?』）

こうして渡辺氏は事件を引き受けると回答する。

次に問題となったのは、四十年来働いてきた東京の老舗《しにせ》法律事務所との関係だ。考えてみよう。このときあなたが、渡辺氏の同僚弁護士の依頼人であったり、顧問先であったりしたらどう感じるかを。渡辺氏も同じように考え、その事務所の同僚に迷惑をかけたくないとの思いから退所し、一人で事務所を開設する。

麻原の弁護は、こうして渡辺氏の弁護士人生を大きく変える中で担われた。

ほかの弁護人も多かれ少なかれこうした負担を覚悟でつとめてきたに違いない。

被害者にとっても、弁護人にとっても忍耐のいる六年半、二百五十七開廷だったといえよう。

断章三　神秘体験の謎

1．クンダリニーの覚醒《かくせい》

麻原が説くもの

麻原は八六年十二月に著した『生死を超える』の本文の冒頭でこう言っている。

「クンダリニー──あなたは、この言葉を一度でも聞いたことがあるだろうか。はっきり言って、ごく普通に社会生活をおくっている人には、全く縁の無い言葉に違いない。ところがどうだろう、ある世界ではまっ先に出会うのがこのクンダリニーなのだ。それも、最も重要な位置をしめている。私はこれからあなたに、クンダリニーとその世界のことをお話ししようと思う（中略）。虚像や錯覚で成り立っているこの世の中で、それのみが真実だからだ」「それは、霊的なエネルギーで、人間の精神を高い次元へと押し上げる働きを持っている。総《すべ》ての人が、このエネルギーを持っているのだが、眠った状態だ。解脱を目指すのだったら、まずそれを目覚めさせなければならない。これがいわゆる《クンダリニーの覚醒》である」

クンダリニーとは、サンスクリット語の古典仏教用語で、「螺旋《らせん》を有するもの」を意味する。この用語はオウムだけでなく、古典ヨガ＝クンダリニー・ヨガの世界で使用されていて、宇宙に遍満する根源的エネルギーの人体内での名称で、これが覚醒されると至福光悦感がもたらされ、完全に覚醒すると解脱に至るとされている。もちろんこの説には多くの異論があり、「クンダリニー覚醒」の結果、自律神経失調、高血圧、幻覚・幻聴、統合失調症、脳溢血《のういっけつ》、自殺などを招く危険性があることが指摘されている。

尾骨のあたりに眠っているエネルギーが覚醒されて上半身に向けて上昇し、最後は頭頂部に抜けるというのが、この神秘体験の特徴的パターンとされている。

この神秘体験は、麻原への強い信頼を生み出す。この人についていけば間違いないという変容した意識だ。そこで、麻原の説法を聞く。そして麻原の言いなりになってオウムに居続け、オウムに貢献していかなければ、来世では、地獄・餓鬼・畜生の三悪趣に堕《お》ちる、ハルマゲドンが来たときに生き残れない、と脅す。神秘体験によって生まれた服従と相まって、地獄の恐怖は信者の心にこびりつき染みついていく。この心の恐怖支配、マインドコントロールは容易に抜け出られるものではない。

元信者たちの神秘体験談（石井《いしい》久子《ひさこ》・林郁夫の場合）

二人の元幹部が述べた、クンダリニーの覚醒について紹介しよう。

石井久子（教団で修行中に体験）

「私は、自分の身に何が起こっているのか冷静に見つめ直してみた。毎日の激しい修行によって、肉体は疲労の極致にあったにもかかわらず、神経はますます研ぎ澄まされ、意識は鮮明になってきている。聴覚も異常に鋭くなっている。そして、全身は微熱を帯びているようであり、興奮状態だった。

『これはただごとではない。ひょっとすると、クンダリニーの覚醒かもしれない。』

しばらくして、全身が一層熱くなってきた。始めは尾骨から背骨にかけて、カーッと燃えるように熱くなった。それが瞬く間に首筋を駆け抜け、頭頂に達した。その後は、体全体が炎の柱と化し、とても眠るどころの騒ぎではなかった。」（前掲・『生死を超える』）

この手記は、石井久子がまだ信者であったときに、教団の宣伝物でもある書物に記されたもので、信頼性がないという見方もできる。

しかし、これから紹介するものは、教団から離れ、教団と自らの犯した罪を自己批判する立場から記されたものだ。

林郁夫（地下鉄サリン事件実行役・麻原の著作にある修行法でヨガを行った直後に体

験）

「ある晩、寝込み際に、下腹部あたりで大きな爆発音がして、同時に『熱いもの』が腹部から背中を上昇していくのを感じました。私はすぐに、これはクンダリニーの覚醒だと思いました。その『熱いもの』を頭頂へ抜こうと意識しましたが、上昇は胸のあたりまでで終わってしまいました」（林郁夫著『オウムと私』）

この神秘体験は、優秀な心臓外科医であった林をしても、それを幻覚と受け止めることは難しかったようだ。

問題は、こうした神秘体験が、「麻原の教義の正しさを、身体的なリアリティーで確証する道具」として使われたことにある。

林の場合、死に直面した患者に死を穏やかに受容させる援助が医師として必要であるのに、自分に勉強が足りないと思っていたことが、宗教に関心が向かう契機となっている。

そして、既存の仏教には、死についての教義はあるが、その教えを裏付けるものがない、と悩む。林の見出《みいだ》したものは、チベット密教。そして、そのチベット密教の「クンダリニー」のエネルギーを循環させる瞑想《めいそう》法。これらを取り入れた、オウム真理教だったのだ。

それでも林の場合、クンダリニーの覚醒を得たいという願望があり、それが麻原の本のとおりに「修行」してみたところ実現したという流れとなっている。多くの体験はこうである。

修行→神秘体験という流れが前提になっているのがクンダリニーの覚醒。これを体験することが危険だというのであれば、理屈の上では、修行をしなければいいということになる。しかし、事はそれほど簡単ではない。

次にあげる広瀬健一（地下鉄サリン事件実行役）のクンダリニーの覚醒体験や中川智正（サリン製造犯）のクンダリニー覚醒に似た神秘体験は、特別な「修行」を介在せずに起こったとされているのだ。

広瀬健一（麻原の本を読み睡眠中に覚醒）

広瀬の神秘体験談が記された彼の「オウム真理教元信徒の手記」は、死刑判決が確定する一年前、ある女子大講師の依頼によりカルトへの警戒を呼びかける一助とする趣旨で編まれた円光寺発行のパンフレットである。この手記を記した時点では彼は自分の死刑を受け入れており、その心が完全に麻原からも教団からも離れていた。その意味で、「オウムの宣伝のために偽りの神秘体験を描いている」あるいは「故意に体験を曲げて書いている」ということはありえない。

広瀬はその手記の中でこう記している。

「偶然、私は書店で麻原の著書を見かけたのです」「大学院一年のときでした。その後、関連書を何冊か読みました」「本を読み始めた一週間後くらいから、不可解なことが起こりました。修行もしていないのに、本に書かれていた、修行の過程で起こる体験が、私の身体に現れたのです。そして、約一か月後の、昭和六十三年三月八日深夜のことでした。眠りの静寂を破り、突然、私の内部で爆発音が鳴り響きました」「意識を戻した私は、直ちに事態を理解しました。『爆発音と共にクンダリニーが覚醒した』──読んでいたオウムの本の記述が脳裏に閃《ひらめ》いたからです」「続いて、粘性のある温かい液体のようなものが尾てい骨から溶け出してきました。本によると、クンダリニーは尾てい骨から生じる熱いエネルギーとのことでした。そして、それはゆっくりと背骨に沿って身体を上昇してきました。腰の位置までくると、身体の前面の腹部にパッと広がりました。経験したことのない、この世のものとは思えない感覚でした」広瀬のクンダリニーはやがて頭頂に達し、頭蓋《ずがい》をクックときしませてようやく収束したとされる。

広瀬は、なんと麻原の本を読んだだけで、突然に宗教的回心に伴って「クンダリニーの覚醒」と呼ばれる神秘的な現象が自らに生じたとしている。

「どうやら、無事に済んだようでした。『オウムは真実だ』オウムの宗教的世界観が、一挙にリアリティーを帯びて感じられました」「(オウムの本には)『クンダリニーの動きが正しくないと、クモ膜下出血を起こす』、『指導者なしの覚醒は危険だ』(などの記述がありました)」「クンダリニーが覚醒した以上、指導者は不可欠」「入信以外の選択はありませんでした」

このように、広瀬はクンダリニーが修行を介さずに「覚醒」し、そしてそのことが半ば強制的にオウムへの入信、出家へと導いたと書いている。

中川智正（オウムのコンサート後に体験）

中川のクンダリニー覚醒《かくせい》に似た神秘体験も注目に値する。

中川は、広瀬・豊田亨（地下鉄サリン事件実行役）・横山真人（同）被告の一審公判廷に証人として呼ばれ、弁護人の質問に対してこう答えている。

「オウムのコンサートに行かなくちゃいけないような感覚があって、行きました。その数日後に体の中を光が走り抜けまして、正確には尾てい骨から頭頂部に向かって白銀の白い輝く光がぱぁっと昇っていきました」

この公判のときに中川は、麻原に帰依していたことについて真摯《しんし》に自己批判し、自らの死刑を受容していた。証言自体が故意に事実を曲げたものと言うことはできない。

このように、修行に入る前から、麻原の本を読み、あるいはオウムのコンサートに参加しただけで神秘体験をした、と彼らが言うことをどうとらえるかは困難な問題を含んでいる。ある意味で、最も神秘的に映るこの二人のケースについては後に検討する。

2.「神秘体験は幻覚」を科学する

何のために科学するか

以上でオウム真理教の中で最も重要とされてきたクンダリニーの覚醒について、その「体験」例をみてきた。私はこの「体験」自体、幻覚であると信じている。だが、その幻覚がどのような条件のもとに、どのような起序で成立するかを科学的に説明することは容易ではない。

一方が神秘的なものだと言い、他方が科学的に起こりうる幻想幻覚でしかないと言ったときに、後者が正しいというそれなりの根拠を示さない限り、神秘にリアリティーを感ずる若者を説得する手立てはない。神秘にリアリティーを感じていない者側が、「科学的にそんなことが起こるわけはない」と語気を強めて言ったところで、それは「神秘を体験してない者の、憐《あわ》れ」と理解されるに過ぎない。

しかし、バカバカしいようだが、オウムに若者を引き寄せ、出家させ、教団内に維持し、凶悪な犯罪をさせる土台として大きく機能した神秘体験。その謎を解き明かす作業は、オウムの犯罪という社会的・国家的リスクが現実化するのを抑え込むための作業である。だからといって、精神医学などの専門知識がない私にとって、この作業は荷が重すぎる。できるだけ、専門家たちの見解を借りながら進めることとしよう。

神秘体験は暗示から

「神秘体験」は実在しないという側の第一の説明は、「その体験は暗示による錯覚に過ぎない」とすることだ。いいかえれば、暗示された体験を幻覚として見た、という説明だ。

暗示というのは他人の思考、感覚、行動を操作し誘導する心理作用のことをいう。一番簡単な例が、けがをした子供のけがをさすり、「痛いの痛いのとんでけー」と空に飛ばすしぐさをすると、子供が泣きやんでしまう、といった例である。暗示という点では、麻原が書いたとされる本を含め、オウムから出版された書籍には、「神秘体験」の実例が載せられていた。人はこれを読んでオウムに入って修行をする。

この修行が暗示された体験を熟成させる。ついにはそのとおり体験してしまう、というかなりシンプルなストーリーだ。

簡単すぎるという批判はあるかもしれない。

しかし、この暗示というものが、人間の行動や生理状態に大きな働きをしていることを知っておく必要がある。

朝日新聞社東京事業開発室発行の「モダンメディシン」という医療関係の雑誌が、九二年十一月号に、『気』は気のせいか、プラシーボが探る外気功のナゾ」という記事を載せた。編集部自前の記事だ。言葉の説明が必要だろう。

まず一つは、外気功という言葉。気功には、自分で体を動かして体内の血の巡りを良くする内気功と、気功師が病人に気を発してその病を治療する外気功とがある。日本では、気功というとこの外気功を指すが、本場中国ではほとんどが内気功だという。

次にプラシーボ。本来乳酸やでんぷん、食塩水などを使った偽薬のことだ。偽ではあるけれども、薬だと思って飲んだ患者の症状が緩和したり、なくなったりすることがあり、これをプラシーボ効果という。頭痛、腰痛から、喘息《ぜんそく》、気管潰瘍《かいよう》などなど効果の幅は広く、心電図やレントゲン所見さえ改善されるケースまである。人間の心と体の密接性を物語っているといえるだろう（もっとも、プラシーボ効果について、暗示により精神的安息が現れるに過ぎないという見解もある）。

この記事では、気功師の術の効き目が、プラシーボ（偽気功師）と同じなのかが問題にされている。

実験は、群馬大学医学部神経精神薬理学講座の丸山悠司《まるやまゆうじ》教授と同大の田所作太郎《たどころさくたろう》名誉教授の協力で行われた。まず、両教授は医師看護師十数人が見守る中、実際の気功師の前に、気功師と一緒に連れられてきた男性被験者を座らせ、外気功を施術させる。

施術後五分、被験者の頭がぐらつき、前のめりになって椅子からころげ落ちる。立会人が、被験者の手足を強くつねったが、痛覚が消えていた。ただし、採血の結果分析された血液中の成分、サーモグラフィーで測定された体表温、脳波については、術前、術中、術後で有意な差はなかった。

教授らは、たまたまこの実験を見学に来ていた女子学生を被験者として施術を試みたが、結果は同様。気功師の気は本物に見えた。しかしここから逆転する。

この二人の被験者は、外気功の経験があったところから、過去に条件づけがあった(俗にいえば結果を刷り込まれていた)とみることもできた。

そこで、外気功未経験の学生十名が集められた。授業で外気功実験のスライドを見せ、外気功を施術されるとどういう状態になるかを、前の被験者を例にとってあらかじめ説明。五名ずつ二組に分けた。

二人の偽気功師(中国人留学生と会社社長)を用意し、偽であることを黙ったまま、五人ずつに偽の施術をした。その結果留学生のグループでは五人のうち三人が、前の被験者のようにトランス状態に入り、社長のグループでは二人(ただし、一名はトランス状態に入ってから危険な状態になり中止)が前の被験者たちと同様のトランス状態に導かれた。

この実験は、ガイダンスなどで初めに気功の効果について暗示をしておけば、偽の気功師にプラシーボ効果があることを表すもので、興味深い。

それでも、本物の気功師のほうが成績がよいことは認めざるを得ない。しかしそれを、本物の気功と偽物の気功の差とみるべきだろうか。私は「本物」の気功師のほうが偽物の気功師より暗示を与える術にすぐれているだけだ、と、この実験の結果を受け取りたい。

いずれにせよ、暗示が人間の心身に与える影響ということについては、必ずしも全般的に研究が大きく進んでいるわけではない。まして神秘体験については研究例がないようだが、この気功の例でみると、暗示の力は普段われわれが思っている以上に大きいといえるだろう。

しかも、激しい修行による過労状態、慢性的睡眠不足、食事の制限など、オウムには暗示にかかりやすい条件が整いすぎていた。クンダリニーの覚醒は事前に読んだ麻原の本などから刷り込まれた暗示から来る幻覚、とみるのが第一の仮説だ。

精神病理学からみた神秘体験

神秘体験が幻覚であることを主張する側によく援用されるのが、精神病理学者で憑依《ひょうい》現象についての著作もある高橋紳吾《たかはししんご》氏の発言である（氏には『きつねつきの科学』講談社ブルーバックス、という著作がある）。高橋氏は私の知る限り、オウムで起こったとされる神秘体験が何ら超自然的現象でないことを正面から論じた唯一の専門家である。

おそらく、氏の発言を引用されたのはジャーナリストの江川紹子さんが初めだろう。江川さんは、九五年八月発売の文藝春秋九月号「オウム真理教『神秘体験』のまやかし信者たちよ！　麻原教祖の超能力に騙《だま》されるな」の中で、高橋氏発言を要旨次のように引用されている（なお、以下の引用は、論争点を狭めるため、空中浮揚に関するものを除いている)。

①音、光、匂い、熱などの感覚から遮断された部屋に長時間閉じ込められれば、いろいろな光が見えてきたりするという実験例がある。

②睡眠時間を減らす。特に浅い眠りのレム睡眠の時間を奪うと、昼にレムが出現。これが幻覚という形で出る。

③睡眠を奪うとハイな状態になることがあり、それを数日続けて、自己暗示をかけながらやると、神を体験したり、恍惚感《こうこつかん》にひたることになる。睡眠を奪って、猛烈に修行させれば、いわゆる神秘体験が起きるのは不思議ではない。

④ランナーズハイにみられるように、肉体に苦痛を与えると、脳内から痛みを和らげるためのホルモンが出て、これが一種の至福感、恍惚感を与える。

この高橋氏の発言が、実証的なデータに裏付けられているのであれば、オウムの神秘的体験が幻覚に過ぎないという論証に近づけると私は思う。

ところで、この高橋氏は、オウムに百五十日間体験修行をしたことのあるジャーナリスト大泉実成《おおいずみみつなり》氏からも取材を受けている(『麻原彰晃を信じる人びと』大泉氏著)。大泉氏は体験修行中にクンダリニーの覚醒《かくせい》直前までを体験したとされている。

大泉氏が、自分が体験修行した際、強く速い胸式呼吸によって、クンダリニーとされるエネルギーが脊椎《せきつい》に沿って上昇したことや、強烈な光の体験をしたことなどについての質問に対して、高橋氏は要旨こう答えている(大泉氏前掲書)。

⑤それはハイパーベンチレーション・シンドローム（過換気症候群）である。過呼吸によって脳内の血液中のバランスが狂い、手足が痺《しび》れたり、ある種の脳内ホルモンが出たりして様々な幻覚症状が出る。大泉氏の体験もそうしたものだと思われる。
⑥「生理的な剝奪《はくだつ》状態」で、脳をいじめて知覚や幻視をさせている。
江川さんと大泉氏の高橋氏への取材はどちらも九五年で、そう時を隔ててはいない。

　だがこうしてみると、江川さんの取材に答えた①〜④と大泉氏の取材に答えた⑤、⑥とがどのように重なり合うのか、必ずしも分かりやすいとはいえない。また①から⑥に言われていることについてどのような症例があるのかふれられていない。症例がないとするならせめてクンダリニーの覚醒に類する幻覚に至る脳科学的な仕組みを示してほしいところだ。

　例えば、脳内麻薬が出れば、苦痛の軽減や快感が得られるということは常識としても、強い幻覚が出るとまで書かれた書籍は私の知る限りでは見当たらない（例『脳内麻薬』中野信子著）。

　過換気症候群についても同じだ。血管の収縮による手足の痺れ、重度の場合は筋肉の硬直、そのほか目まいなど多彩な症状が指摘されるものの、幻覚を生ずるという情報は私の調べた限りではない。

　この点を確認したいと思ったのだが、残念ながら高橋氏は〇五年に亡くなられている。改めて取材をして説明を求めることはできない。

しかし、幸いなことに、高橋氏は九七年二月に神秘体験についても記した『超能力と霊能者』という本を出版していた。この本の中で、オウムの神秘体験にかなりの分量を割いている。

本書の中で高橋氏はオウムの神秘体験について、まず、「これは長期間の修行を必要とする古典的な意味での神秘体験とは異なっていて、精神医学で比較的簡単に説明できる『異常体験』にすぎない」と断じている。

その上で、氏はオウムの修行法について分析する。その際注意深く「修行に参加する者はすでに教祖・麻原の『神話』に肯定的感情をもっているということ」をその前提としている。ここでの高橋氏の分析の内容を整理してみると、まず、

⑦特殊な呼吸法を含む厳しい修行体験が『覚醒体験』などを生む、

とある。

ここは、内容の要旨を引用しよう。

・教祖自身が考案したとされる独特の修行メソッドを持っていて、まず、様々なポーズでの体操が取り入れられていた。その中には、息をゆっくりと吸ったり、止めたり、吐いたりしながら行う体操が入っていた。

・また、体操の途中では、教祖が作ったとされる音楽が流され、「あなたに光がそそがれている」などの暗示が加えられることもある。

・次に、かなり激しい呼吸法が取り入れられている。

・そのあと、立位礼拝（起立し、身を投げ出すようにしながら礼拝すること）を二時間ぶっ続けでやる。
・麻原の説教ビデオを一時間近く見る。
・シヴァ神などに帰依するという呪文《マントラ》を一時間唱える。
・教祖の作った歌を一時間歌う。
・半逆立ち状態でのポーズをとる体操を一時間などの修行を続ける。修行者は極度の疲労状態に達し、意識が通常ではなくなる。
・さらに修行は続き、深くて速い呼吸法が含まれている。
・これらの結果、「しばしばヴィジョンを見るし、『覚醒体験』をすることがある」。

オウムの道場で体験修行したジャーナリストの大泉氏も、この呼吸法のあと「白銀色に光る仏像のような形のものが、向こうから飛び込んでくる」のを見ている。

（なおここで高橋氏は、この呼吸法がホロトロピック・ブリージングと共通するものとしている。ホロトロピック・ブリージングについては後に詳しく紹介することになる）

高橋氏は続いて、最近脳研究が格段の進歩を遂げているが「神秘体験」にまつわる研究はあまりなされていないとしつつ、セロトニンやドーパミン（脳内で覚醒剤《かくせいざい》と同じ働きをするとされる）などの神経伝達物質についてふれ、これらの物質に深部の脳から伸びている快楽神経が関与し、信号情報が盛んに伝達されるとする。その上で次のように述べている。

⑧ヒトは肉体的、精神的苦痛や激しい痛みを感じ続けると、脳内に麻薬が放出され、痛みを和らげる。ドーパミンが快楽神経に放出され、深部の脳では快感を、前頭葉では限りない至福感を生み出す（高橋前掲書）。

脳科学者によると、ドーパミンというのは努力に対する報酬として快楽を与える「脳内麻薬様物質」（中野前掲書）で、痛みを和らげるために放出されるものとは別の「脳内麻薬様物質」のようだ（同書）。しかし、厳しい修行に耐えるということも、達成感につながるのだから、その努力に対する報酬としてドーパミンが分泌されるということはあるのかもしれない。

確かにドーパミンが大量に分泌されると、過剰な興奮状態が生じて、
（1）時には攻撃的になる。
（2）アルコールやタバコの依存症や過食など、ある種の行動がやめられなくなる。
（3）幻覚を見たり、妄想を抱いたりする（統合失調症）。
とされている（同書）。

ここでようやく幻覚が出てきたが、これは精神疾患的なそれで、われわれが期待しているようなものではないようだ。ここでわれわれが注目するべきなのは（2）の依存症だ。ドーパミンは脳が快楽を感じる直接の源になっている物質である。修行をつらいからいやなものだと考えれば別だが、つらい修行であっても、望んで行うのであればその

努力に応じて「快楽物質」が分泌されうる。修行者がさらなる快楽を求めていくとすれば、修行自体が依存症の対象になりうる。

おそらくオウムでは、こうした現象が起こっていたのではないかと思える。

それが、慢性的睡眠不足、食の制限の中で、過剰と思える修行が繰り返された理由の一側面かもしれない。

高橋氏の「神秘体験」に関する集大成かと思われるこの著書だが、オウムにふれた部分の記述の中では、残念ながら「神秘体験」という言葉はあまり使われず、その説明が不完全なまま残されている。氏が「精神医学で比較的簡単に説明できる『異常体験』にすぎない」と最初に断言したほどには、その論証はうまくいったようにはみえない。科学の名において、真正面から「神秘体験」について論陣を張ってきた氏の思いが分かればこそ、これが何とも心残りである。

この氏の思いは、新たな専門家に引き継がれるべきだと私は考えている。

しかしここで、オウムでのイニシエーションの名で行われる一種の修行の中でも、キリストのイニシエーションのように、LSDをサットヴァレモンに混ぜた液体を飲むイニシエーション（このLSDは麻原が一度口に含んだものとされている）など、様々な麻薬や薬物を使ったものが幻覚を生むことは実証ずみで常識の範囲であり、ここで疑問を差しはさむ必要はない。特に九四年の五月ごろ以降各種薬物を使用して「神秘体験の量産体制」に入った以降のことはここでの検討の射程外だ。

ここでの問題はあくまで、薬物などが使用されていなかった比較的初期の修行で生じた神秘体験現象の不思議を科学することにある。

3.「神秘的体験」への旅

ここで、少し考えの領域を広げるために、比較的手軽にできる「神秘的体験」のメニューを二つ紹介していこう。もちろん、これを提供している側が、「神秘的体験」と言っているわけではない。しかし、そこで起きている現象は、私たちのなじんできた科学の常識からはずれている、いいかえれば、はずれているようにみえる、という限りで「神秘的」である。

フローティング・タンク

神秘的な心理への接近手段として、比較的多数の書籍でふれられているのが、フローティング・タンクとホロトロピック・ブリージングである。これからその体験者たちの体験記をできる限り紹介していきたい。そうはいっても、これらの「接近手段」によってもたらされるものを、本当に神秘的なものとみるか、科学的に説明可能なものととらえるかは、体験者によって異なってくる。

いずれにせよ、これは、自らも体験できるし、自分が信用できる人物に体験してもらうこともできるので、「神秘体験」の科学的解明のために何らかの意義があるかもしれない。この人々の体験に耳を傾けてみよう。

まず、フローティング・タンクに目をつけたのは、高橋紳吾氏が江川さんの取材に答えて、最初に「音、光、匂い、熱などの感覚から遮断された部屋に長時間閉じ込められれば、いろいろな光が見えてきたりするという実験例がある」と述べていたことに関係する。

感覚遮断の研究は五〇年代から六〇年代のアメリカで、捕虜が洗脳された仕組みの解明や感覚刺激の少ない閉ざされた空間に宇宙飛行士を送るにあたっての研究として、大学の研究室で盛んに行われたようだ。長時間完全な感覚遮断状態に置いた結果、被験者の被暗示性が高まり、多彩な幻覚幻聴を体験したことが報告されている（立花隆『臨死体験（下）』）。それは、「黒い帽子をかぶり、口を開けた人々の列を見た」「野球をしている」「スキンダイビングをしている」「ジョージ・ワシントンのような服を着た一群の兵隊が、崖《がけ》の上に立っていたが、やがてそれが牛の群れに変化し、その色があざやかな黄色と黒であった」などの幻覚だったという。

ここで感覚の遮断と幻覚とがつながってくる。また、被暗示性が高まることから、感覚遮断が捕虜を洗脳する手段に使われていた、ということもオウムでのマインドコントロールを考える上で何かを示唆しているようだ。ましてや、被暗示性が高まるというのだから、幻覚の内容自体が暗示されたもの、オウムの場合であれば「最も大切」とされるクンダリニーの覚醒《かくせい》、につながっていってもおかしくない。

高橋氏が「音、光、匂い、熱などの感覚から遮断された部屋に長時間閉じ込められれば、いろいろな光が見えてきたりするという実験例がある」と言ったときの「実験例」とは、感覚遮断の研究だったのかもしれない。

オウムがここまでの感覚遮断をしていたとすれば、幻覚の由来はここで語られたことになる。

しかし、感覚遮断の対象をもう少し広げるため、フローティング・タンクを調べてみよう。

フローティング・タンクはアメリカの脳科学者ジョン・C・リリーによって五四年に開発されたもの。光も音も完全に遮断されたタンク内を、人体と比重も温度も同じ液体で満たす。裸で上向きになってタンク内に浮かんでいれば、音からも、光からも、触覚からも重力からも解放される、というふれ込みだ。体を浮かすのは、硫酸マグネシウムの役割。感覚の遮断が目的なので、「アイソレーション・タンク」とも呼ばれる。

人が正常な意識を保つためには、適度の外部からの刺激を受けることが必要で、これが遮断されると脳の働きが不正常になることは、これまでの研究でも明らかにされている。

タンクの体験から来る幻覚やそれに近いもの、の内容は、「クンダリニーの覚醒」にみられるような爆発的なものではないが、オウムの信者が狭い瞑想室《めいそう》に閉じこもって修行していたことを考えると、そこから来る一種の「感覚の遮断」が、暗示されたとおりの幻覚の発生につながった可能性は否定できない。

なお、開発者のリリー氏は、自分でこのタンクを体験し、盛んに「現実と見まごうような幻覚を見た」とその著書『サイエンティスト』で述べているのだが、何しろ平気でLSDをこの実験のために使ってしまう人なので、この話をすぐに信用するわけにはいかない。彼の別称が「マッド・サイエンティスト」であることにも注意を払う必要がある。

そこで、ノーベル賞学者の登場だ。

六五年にノーベル物理学賞を受賞したR・P・ファインマン氏の著書『ご冗談でしょう、ファインマンさん(下)』に、氏のタンク体験談が載っている。これはもちろん冗談ではない。

氏はもともと、「直接に感覚を刺激するものが全然ないとき頭に浮かぶ夢やその他のイメージ」に強い関心を持っていた。そこにもってきて、タンクの創設者リリー氏と知り合い、彼からタンク体験を勧められる。幻覚が見られると聞いて、氏は早速タンクを試しに出かけたのだ。

何でも凝る人のようで、十数回タンクに入っている。氏は毎回二時間半たっぷり体験する。

一回目、二回目は何もなかった。

幻覚を見るためなら何でもやろう、と思って入った三回目に幻覚がやってきたのだ。

「突然自分の体の中心が一インチほど片寄っているのに気がついた。（中略）どうやら僕の『自我』は一インチぐらい片方に寄っているのだ。（中略）しばらくいろいろやっているうち、自我をだんだん下にさげてゆき、首を通りぬけて胸の真ん中まで下ろすことができた。（中略）どんどん下げていって、片方に寄ってはいたが、腰のところまで下ろすことができた。（中略）また別のタンク入りのときのことだ。そのときは体の外側の片方に『陣どる』ことに成功した。（中略）僕の『自我』が体の外にいてこれを外から眺めているのだ。

それからというもの、僕はタンクに入るたびに幻覚を見ることができるようになった」

これは、幻覚の中でも、体外離脱といわれるもののようだ。

ここでも救いなのは、リリー氏もファインマン氏も、自分たちが見たものを「幻覚」と信じていることである。ここで、科学の側が確保しておけばいいことは、感覚遮断がある程度の長さで繰り返されると、体外離脱の幻覚が生じうるということである。

日本で初めてフローティング・タンクの体験を文字にしたのは著名なジャーナリスト故立花隆《たちばなたかし》氏だろう（前掲・『臨死体験（下）』）。

氏は、十二年の歳月をはさんで二回タンクに挑戦している。そして闇の中で空間が無限に広がっていった感覚と、自分の肉体の存在感がなくなっていく感覚とを不思議なものとして体験したが、幻覚は見なかったとしている（しかし、この肉体の存在感の消失という感覚は次の学生の例でもより鮮明な形で現れる）。

フローティング・タンクについては、もう一つの体験例が、前野《まえの》隆司《たかし》著『錯覚する脳』に紹介されている。

前野隆司氏は、慶應義塾大学大学院システムデザイン・マネジメント研究科教授。ロボットと人間の心に関する著作が多いことでも知られている。

氏はまず、タンクで修行僧のような瞑想状態が得られることを期待して、自ら五回体験する。結果は修行僧ならず。

個人差があると考えて、研究室の学生三名にタンク体験をさせる。その学生の一人が、初めての体験なのに、かなり意識に変容をきたす。興味をそそるところだけ抜粋する。

「リラックスできて気持ちよかった。感覚遮断の度合いが四段階に分かれて進行したように感じた。

第一段階：全ての感覚がはっきりしている状態（省略）

第二段階：体の感覚が徐々になくなっていく段階（省略）

第三段階：触覚が一部を残してなくなった状態

液体に浸《つ》かっている部分と液体から出ている部分との差を意識するようになりました。

いや、その差以外は意識できなくなったと言った方が適切かもしれません。（中略）イメージ的には、自分がつま先と顔だけになってしまって、海とか宇宙を漂っている感じでした。

第四段階：触覚すらなくなった状態（いわゆる悟り？　無我の境地？）

ここまで来ると、第三段階で述べたような差すら認識できなくなりました。完全に触覚がなくなり、心音も聞こえなくなり（気にならなくなり）、呼吸すら全く意識していませんでした。完全に自分が液体に溶け込んでしまったような感じです。自分という意識（自己意識）が全く無いかのような状態でした。意識（覚醒）はかなりクリアな状態だったので、寝ていたのではないと思います。これがいわゆる悟りの状態なのかと思いました」

この学生の、感覚の遮断により、体の存在感が次第に消失していくという体験については、立花氏が体験したものと重なるといえるだろう。主観的なものとはいえ、複数の体験者により同じ体験がなされるということから、体験に何らかの法則性が認められる可能性が出てくる。

感覚の遮断が意識に働きかけ、意識の変容や幻覚を生じさせうることについては、ファインマン氏の例と、この学生の例などで、ある程度の実証性があるとみたい。タンクは、リラクゼーションのために、あるいはうつ病治療のために使われているとも聞くが、その心理面に与える影響についてさらに研究が進むことを祈りたい。
なお、私は岡山と東京で三回（一回九十分）フローティング・タンクを体験しているが、顕著な心理的体験はできなかったことを報告しておく。

ホロトロピック・ブリージング

次にホロトロピック・ブリージングについてみてみよう。これを関心の対象としたのはやはり高橋紳吾氏が、「過呼吸によって脳内の血液中のバランスが狂い、手足が痺《しび》れたり、ある種の脳内ホルモンが出たりして様々な幻覚症状が出る」としていることとの関係である。実際に氏も、前掲書の中でホロトロピック・ブリージングについてふれていることは前にみた（252頁参照）。

しかし、実際のところ、過呼吸によって幻覚が生ずると明言している精神科医は、高橋氏を除けば見当たらないようである。確かに過呼吸は、脳の低酸素状態を作り出すことは広く知られている。

過剰な呼吸をしているのになぜ低酸素脳になるのか。初歩的な予習をしておこう。酸素を体内の各部分に運搬する役割を持っているのが、赤血球中にあるタンパク質であるヘモグロビン。酸素はヘモグロビンと結合した状態で体の各部位に運ばれていく。各部の細胞では酸素を消費して二酸化炭素を排出しているので、各部の二酸化炭素の濃度は高くなっている。この「二酸化炭素濃度の高い状態」でヘモグロビンは酸素を切り離し、細胞に酸素を提供する。

ところが、過呼吸になると、二酸化炭素が過剰に体外に排出されてしまい、血液中の二酸化炭素濃度が下がりすぎる。その結果、ヘモグロビンは酸素を切り離さなくなり、細胞に酸素が提供されなくなる。脳についても例外ではない。

これが、過呼吸→低酸素脳の起序だ。また、二酸化炭素濃度が低くなると、血液がアルカリ性に傾き、ここからも障害が出る。

その結果引き起こされる症状としては、一般に手足や唇の痺れや呼吸困難、頭のふらつき、息苦しさ、眠気、激しい耳鳴りや悪寒などがあげられる。しかし、幻覚はあげられていないのだ。

ホロトロピック・ブリージングは、七〇年にアメリカに移住したスタニスラフ・グロフというチェコスロバキア（当時）出身の精神科医が、妻でヨガ教師のクリスティーナとともに開発したメソッドだ。その目的は、精神的な問題を抱えている人にトランス状態を体験させることでその問題を和らげ、解消させること。そうしたセラピーの一種として考案されたものだ。ホロトロピック・セラピーともいわれる。日本では、ホロトロピック・ブレスワークの名で、シープラスエフ研究所によりセッションが行われている。

グロフ氏はホロトロピック・ブリージングの実践から得た膨大なデータによってトランスパーソナル心理学の基礎を築いた人物とされている。トランスパーソナル心理学についての高橋紳吾氏の評価は極めて低いが、このホロトロピック・ブリージングは、理論的にはトランスパーソナル心理学に基礎を置いている。

まず、ホロトロピック・ブリージングのセッションがどのような流れで行われるのかを紹介しておこう。私も一度参加しているが、おおよそセッションはこのようなものだ。

セッションの参加者は十名から数十名。一対一のペアが組まれ、一人がブリーザー（呼吸の体験者）、一人がシッター（介護者）となる。セッションは二回に分けて行われ、一回目と二回目では立場が入れ替わることとなる。

テンポの速い野性的なBGMが流れる中、指導者に導かれてブリーザーが呼吸を始める。呼吸はだんだん速くなる。病的なものではない、意識的な過呼吸である。シッターは、様々に変化するブリーザーの様子を見守り、熱そうであれば額の汗を拭《ふ》いたり、寒そうであれば毛布をかけたり、暴れまわるブリーザーが隣のブリーザーのエリアに入り込まないようにしたりする。

一時間ほどブリージングが行われ、やがて緩やかな呼吸となり、リラクゼーションの時間がとられて終わる。完全に覚醒《かくせい》したあと、ブリーザーはブリージング中に体験したことを、自由画として表現する。

ホロトロピック・ブリージングについても、立花隆氏はその体験を公表している（前掲書）。体験記に入る前に、氏は病的な過呼吸についてふれているが、そこであっさりと「意識状態が変化し、幻覚を見るなどする」としている。氏のことだから、何か根拠があるに違いない。しかし、その根拠は記されていない。私の知る限りでは、過呼吸が幻覚を生むという医学的情報は精神病理学者高橋紳吾氏のそれしかない。

立花氏は同書の中で、ホロトロピック・ブリージングのセッションに三回参加していると書かれている。タンクの体験に比べ、こちらのほうでの氏の体験はかなりディープである。

以下は氏のブリーザー体験である。

「頭の中のスクリーンに、黒いスポットがあらわれたのである。しかも、それはある奥行きを持っていた」

「ここから奇妙な体験がはじまる。気がついてみると、自分の肉体の一部が消えていたのである。胸から上の肩や頭は存在しているのだが、胸のあたりは全くの虚無になってしまっていた。何もない。透明なのである。膝《ひざ》から下は存在しているが、その中間の腹から腰のあたりは、半分消えつつある」「やがて、透明部分が拡大。足がなくなる。胸、肩がなくなる」「次いで、頭もなくなる。存在するものは一切なくなる。／残ったのは純粋思惟《しい》のみ」

「手の指の一本一本が大きくふくらんで、スキー用の手袋くらいのサイズになっていると感じた。その手がもう一つのもっと大きな手によって握られていた。とても暖い手で、握られているのがとても気持ちよかった」「相手の手はものすごく巨大なものに思われた。鎌倉《かまくら》の大仏の手くらいに感じた」「疑う余地など全くないほどの存在感をもって、私の手を包む手があった」「瞬間、これは神の手ではないかと思った。そういう神秘的な存在感があった」

そう言ってはいても、立花氏は信仰心のない人なので、神と本当に接触したと信じたわけではない。「神秘体験者がいう、神的存在との直接接触というのは、きっとこういう感覚のことをいうにちがいないと思った」に過ぎないのである。

次に私の友人河野雅《こうのまさし》氏のホロトロピック・ブリージング体験を証言として紹介しよう。

(河野雅・自営業者・地下鉄サリン事件当時二十二歳の証言)

――地下鉄サリン事件のことをどう憶《おぼ》えていらっしゃいますか。

当時は立命館大学理工学部に所属していまして、京都で卒業前の春休みを満喫していました。たぶん十時ごろまで寝ていたでしょう。起きてテレビを見て、一体何が起きたんだろうと思いました。びっくりしました。

地下鉄の駅の出口の周りに、消防車やら警察の車両やらがびっしり止まっていて、たくさんの人が搬送されたり、布の上に横たわっているようでした。レポーターが金切り声を上げてたことは憶えていますが、サリンという言葉が出たことは憶えていません。

大変な事件と思って、テレビを見続けていました。

ですが、今から思い返してみると、いずれは自分の身に降りかかってくる、というような緊張感では見ていませんでした。

それは多分、その前の一月十七日に阪神・淡路大震災を経験していたことが大きいと思います。

京都も震度五強の揺れで、私の家も上から荷物が落ちてきたり、机の引き出しが開いてしまったりで、すごい恐怖感がありました。ですから、それに比べれば、切実感が弱かったのかもしれません。

それでも、こんな大きなことが立て続けに二つも起きて、日本はこれから一体どうなっていくんだろうという不安感はありました。

――現在お仕事は「コーチング」ということですが、どんなお仕事ですか。

クライアントの人生全般について、それを良くしていくための一対一のパートナーシップを作って、二人で継続的に考えていくという仕事です。二人の間のコミュニケーションはスカイプやインターネット電話でします。話し合った結果をふまえて、何ができるかを考え行動に移す、そういうようなコーチの仕方が典型的な例です。行動した結果で、またお話をします。コミュニケーション→行動→コミュニケーション→行動……というような流れになります。

コミュニケーションの場では、クライアントが今、何がしたいのかを気づいてもらう。

そのつみかさねの中で、自分で学ぶ、自分で問題を解決する姿勢と力とを備えてもらうことを重視しています。

セラピストやカウンセラーとの違いは、心身ともに健常な人を対象としていること、有料であることでしょうか。コーチングの期間は、二週間に一回を標準にして、一年間ぐらいが多く、人によっては五、六年という方もいらっしゃいます。

コーチングはアメリカ起源の仕事で、私はアメリカに本部を置く国際コーチ連盟認定資格を持っています。

――ホロトロピック・ブレスワークを体験なさったそうですが、どんなきっかけからですか。

以前からあることは知っていましたが、コーチングという仕事をする上で役に立つのではないかと考えたんです。というのも、ホロトロピック・ブレスワークは、体で考える、体で感じるというイメージがあります。

コーチングというのは言葉が中心で。それは悪いことではないんですが、言葉だけのコミュニケーションに限界も感じていたんですね。ホロトロピック・ブレスワークは、体で感じて、体で考える。それと、呼吸法ですね。山登りをしたときに、はあはあ言いながら登ったら、すごくいい状態を感じました。

実は、ホロトロピック・ブレスワークの前に、呼吸家の加藤俊朗《かとうとしろう》さんの加藤メソッドに行っていましたし、リバーシングという呼吸法も体験しています。ですが、呼吸法でのワークではホロトロが一番本格的なものと思っていましたので参加したいと考えていました。ただ、なかなか日程が取れなかったのです。

――ブレスワークに入るまでの準備はどのように進められましたか。

私が参加したときのワークの参加者は十名。男女同数でした。三十代から四十代が私を入れて八人。六十代が男女一名ずつです。会場はもともとは貸別荘なのかな、という感じ。入り口に近い縦長の洋間と広い和室からできた平屋の建物でした。

午後一時三十分。全員が畳の間のほうに移り、座布団に座るとワークのレクチャーが始まりました。

レクチャーは、主にシープラスエフ研究所のティム・マクリーンさん。そして、妻の高岡《たかおか》よし子《こ》さんの絶妙のタイミングでの補足。この二つで成り立っていました。レクチャーの内容は、私の記憶と、いただいた資料などによると、おおよそこんなことです。

「ホロトロピック・ブレスワークでは、深いそして速い呼吸を繰り返すことによって、自己発見と癒《いや》しが行われる。

ホロトロピック・ブレスワークの主な体験は、四つの領域のいずれかまたは複数で起こる。

まず第一は、身体的領域。手や足の痺《しび》れ、震え、などがこれに当たる。ここで、身体エネルギーの活性化や流れを感じる人が多い。

第二は、自分の過去にさかのぼる自伝的領域。祖父母との想い出や、父母との想い出、トラウマ的な体験、などがこれに当たる。

第三は、分娩《ぶんべん》前後の領域。ここでは何らかの形で、自分の誕生を再体験することになる。そして第四にトランスパーソナルな領域。自我を超え、母なる大地、宇宙との一体感を得たり、過去生のように思える体験に戻ったりすることになる。

それでも、セッションに臨むときには、何かの領域に入りたいという目的を持っていくのではなく、プロセスを感じることを大切にしたい。プロセスがすべてといってもいい」


ここで、呼吸法、のデモンストレーションが行われました。ティムさんが押入れから敷布団を一枚取り出して、これに仰向けに寝る。呼吸を始めました。シュウーウ、シューウ、シューウ、シュー、シュー、シュー、シュ、シュ、シュシュシュシュという具合にだんだん速く、パワフルになっていき、だんだん声が出てきて、叫びに近くなります。ウオウオウオ。なかなかダイナミックな呼吸法です。

「蒸気機関車の要領ですね」と六十代の男性が言うと、「そうそう」ティムさんが軽くウインクしながら答えました。

速く深い呼吸をすることは、自分の意思で過呼吸に似た状態を作り上げ、自律神経に働きかけることになるという説明でした。確かに、過呼吸や呼吸を止めることが、幻覚症状につながるということはどこかで読んだように思います。

で、レクチャーは二時間に及ぶ懇切丁寧、その上確信に満ちたもので、それを聞いただけで、自分がトランスできそうな気がしてきました。

自己紹介。東北から九州まで、いろいろな地域から参加していて、その立ち位置も、工事会社経営、塾経営、会社員、公務員、大学院生、自由業、といろいろでした。

いよいよ、ブレスワーク、一日目の呼吸セッションに入ることになります。約九十分。ティムさんが呼吸のセッションのルールを説明する。

第一のルール。自分も人も傷つけない、物を壊さない。非常にシンプルだが大切なルール。それだけこのセッションはダイナミックなんだよ、ということが伝わってきます。

第二のルールは、「声」はいくら発してもいいけど、「言葉」は発してはいけない。このルールがなぜあるのか。多分言葉のような「意味のあるもの」が発せられると、お互いに集中の妨げになるからだろうと思いました。あとでお聞きすると、「言葉」を発すると、自我意識に近くなるということもあるということです。言葉を介さず、エネルギーそのものとして体験することがプロセスを深める、という意味からなのだそうです。

セッションは二人一組になって行いますので、五組に分かれるということです。一組のうち、一人が実際に呼吸法を行うブリーザー。もう一人はそれを見守って、時にはアシストするシッターとなります。もちろん翌日は立場が逆です。抽籤《ちゅうせん》のようなことが行われて、私のパートナーとなったのは、六十代の男性でした。この人も初体験ということでした。

どちらが一日目のブリーザーになるかジャンケンで決めた結果、パートナーの男性が先になりました。畳の間に布団が五組用意される。明かりが消される。ここで、ティムさんの瞑想《めいそう》状態に導くような説話が続き、全員目を閉じて座ったまま精一杯「あー」という発声を息継ぎをしながら鈴が鳴るまで続けよう、と声がかかる。「あーーー」。十人が十人まちまちの音程で大きな声を出すと、不思議なハーモニー。アフリカの原住民族の多声音楽のような、不思議な不思議なハーモニーが闇の中を満たしました。

——周到な準備ですね。いよいよブリージングですか。

パートナーの男性は布団に仰向けになりました。私は男性の足元側に座りました。やがて、音楽が。始まりは緩やかだが、だんだんリズムが速い曲に変わってゆく。どこかは分からないが、「民族」を感じさせる響きです。この音楽を頼りに、男性は声を出しながらリズムに乗るようにブリーズしています。できるだけ速く、そしてできるだけ深く息をするように努力します。最初は一秒間に一回ぐらいの呼吸をなんとかその四倍くらいのスピードにされたようにみえます。

呼吸と同時に大きな叫び声のようなものが出てきました。そうした状態が続く中で、手足がたたまれていき、足がこまかく揺れているように見えました。

ほかの参加者の呻《うめ》き声や叫び声が聞こえ、畳の床を叩《たた》く音が聞こえてきます。

パートナーの男性には、体が動き回るような変化はありませんでしたが、終盤近くなって、呼吸音に交じる叫び声が、生まれたばかりの赤ん坊の泣き声のようになってきました。

たたまれた手足が、誕生の瞬間を再現しているようにも思えました。

いつの間にか時間が過ぎ、音楽が激しいリズムから、なだらかなものに変わっていました。こうして、一日目のセッションが終わりました。

私の見立てと違い、男性は「特に意識に変化はなかったですねえ。手足が痺れたのと、目をつむっていたのに、左目のほうに小さなオレンジ色の点が見えたくらいかなあ」と言っていました。

――次はあなたがブリーザーになる番ですね。

はい。私の場合強い呼吸をつみかさねていくと、五分ぐらいで手足が痺れ、体が音楽に乗って動き始めました。というより、「動きたい」という体の衝動に素直に乗っかっていったという感じです。その状態を続けていると、早い段階でティムさんが来て、私の体に密着して私の体を裏返しにするようなボディーワークをしてくれました。私はここで擬似的な誕生を体験しました。あとで聞いたところでは、ボディーワークは、分娩前後の体験をしている人のプロセスを促進してサポートする場合もあるし、それに限らず、ブリーザーの中から起きてきたプロセスを促進することで援助するということです。

生まれたあと、ぼーっとしていると、ティムさんが胸の真ん中に手を当ててくれて、「ここにずっと頑張ってきた自分がいるよね」と言ってくれました。その言葉を聞いた途端、自分の中で何かが弾《はじ》けて、何の感情か分からず泣き叫んでいました。「ここ、こ

たのです。

頑張ってきた小さな自分がここにいた――!!」という心の声がしたのです。

頑張ってきた自分に出会えた歓《よろこ》びの大泣きに変わりました。その頑張ってきたことを分かってくれている人、ティムさんに出会えた歓びがあふれ出てきて、叫びながらのた打ち回りました。その気持ちや身体の衝動に乗っかってひと暴れして落ちついてきたら、次に父母の顔、兄の顔、妻の顔、今までお世話になったたくさんの人の顔がヴィジョンとして現れ、すごく幸せで、強烈な感謝の感情が勢いよく湧き出してきました。

「自分はたくさんの人に愛されてここまで来た」「なんて幸せなんだ、ありがたいんだ」と手足をバンバン動かしながら絶叫しました。そのみんなの顔の向こう側に、地球がポンと浮かんでいるヴィジョンが出て、「ほんまにこの星に生まれてきてよかった」という感謝と歓びが沸き上がってきて、赤ちゃんのように泣きました。この第二波、強烈な感謝の波がある程度落ちついてきて、ぼーっとしていたら、突然、「自分の中に頑張ってきたリトルこーちゃんがいるように、すべての人の中にリトル〇〇がいる。ティムにも、よし子さんにも、みんなにも!」「うまくいかないこともたくさんあるけど、みんなベストを尽くして頑張っているんや」という思いが湧いてきました。

「みんな素晴らしすぎる。この世界は素晴らしすぎる」と思って、みんなの素晴らしさに感動して絶叫しながら泣きました。この第三の波が落ちついてきたあとは、ゆったりになっていた音楽と遊び、そしてまどろみの中に落ちていきました。

こうして、私たちのセッションは終わりました。

――このセッションでの体験をどう感じましたか。

参加してみて、今まで体験した呼吸法のセッションの中では最高の質を感じました。ただし、これは私の勝手な仮説ですが、私はかなりディープな体験をしたのですが、こうした体験をする人は、ホロトロピック・ブレスワークを初めて体験した中では、少数派のような気がしています。

――あなたがそういう体験をしたのにはどんな理由があるでしょう。

私はコーチングという心を扱う仕事を十年してきています。心を扱う仕事であるため、私自身が自分と向き合い続け、様々なボディワークも経験して、自分の奥底の様々な感情に気づく力、そしてそれを表出する力を鍛えてきているという事実があるのです。これは別に自慢でも何でもなく、事実としてです。昔は全然違いましたけれど。だから比較的スイスイ自分の感情・感覚に乗っかっていけたのではないかと自分では思っています。

ホロトロピック・ブリージングは、あくまでも、セラピーの一つとして立ち上げられたものなのだが、同じ原理を悪用するものもありうる。そしてオウムがその一つだった可能性がある。

オウムではマントラを何万回も唱えさせられる。「オーム　アー　フーム　ヴァジラ

ナマ　マハーシヴァヤ　ヴァジラ　ナマ　グルヤ　ヴァジラ　ナマ　サティヤンヤ　ヴ

ァジラ　ナマ　十戒ヤ」。このほかに「布施するぞ！　布施するぞ！」とも唱えさせている。

こうした言語を急速に大声で激しく連続して唱えることや、オウム特有の呼吸法などで、過呼吸と同じ現象が起こったと考えてもおかしくない。これに長時間にわたる激しい修行メニュー、慢性的睡眠不足、食事の制限が加わって、幻覚症状が起こった可能性はある。ホロトロピック・ブリージングで現れる現象とオウム信者の幻覚では様相はかなり違っているが、これは体験前に与えられた暗示の違いが寄与しているとみることもできる。

しかし、これはあくまで可能性であり、クンダリニーの覚醒《かくせい》のような「神秘体験」が修行者に感得される仕組みを具体的に示すまでのものではない。

再び立花隆氏に話を戻そう。

立花氏は、フローティング・タンクとホロトロピック・ブリージングの二つを体験した総括として、このように言っている。

（視覚情報と体性感覚情報の）「二つの情報が遮断されてしまうと、人の脳は、自己の肉体の存在を認識できなくなり、自己の物理的な存在を空間に正しく定位づけられなくなってしまうのである。／そういう感覚遮断はいろんな形で起こり得る。人工的には、隔離タンクでそういう状況を作り出せるが、これは、感覚入力を肉体の外部でカットすることによって感覚遮断状況を作りだすわけである。同じ状況は肉体の内部で感覚入力系の神経を麻痺《まひ》させることによっても作りだせる。神経が麻痺すれば、入力情報は脳に伝えられないからである。ホロトロピック・セラピーで作り出されるのも、そういう状況だろう」（前掲書）。

優秀な仮説だと思う。なぜ感覚遮断によって肉体的存在認識の消失が生ずるのか。その消失によって、幻覚は生ずるのか。オウムの修行メソッドによって、感覚入力系の神経に麻痺が起きることがありうるのかを検証していけば、「神秘体験」の謎に少しは近づけるのではないだろうか。

4．残された疑問

修行がなくても神秘体験はあるのか

さて、クンダリニーの覚醒体験にはもう一つ解決の難しい問題が残っている。それは、特別の修行を行っていないのに体験した広瀬健一や中川智正の場合をどう説明するかにある。広瀬は麻原の本を何冊か読んだだけで、中川はコンサートに行っただけでクンダリニーの覚醒体験をしたと言っている。これが本当とすれば「神秘体験」のためには、感覚の遮断も、急激な過呼吸も何もいらないようにみえてくる。それでは、今までの話の前提が壊れてしまいかねない。

ここで、二種類の説明がありうると思う。

一つは、少し唐突にみえるが、実際に「本を読んだだけ」「コンサートに行っただけ」

で神秘体験をしてもおかしくない、という立場に立った説明だ。

この説明は、二百四十五頁以下で述べたように、神秘体験は暗示が生み出したものとの考え方からくる。この考え方によればこうなる。

広瀬は高校三年から、「生きる意味」の問題をはっきり意識するようになる。以来物事の価値が気にかかり、結局は無に帰してしまうのではないのか、という哲学的宗教的思索にのめり込む。宗教書を渉猟したり、宗教の実践者の話を聞いたり。結局は絶対的自由としての悟りを求めることにつながり、そこにオウムがあり「生きる意味」の問いの影響で宗教的回心が起きオウムに入信することになる。

この手記には、宗教的回心というものが何であるか語られていないが、すでに、自己暗示的な要素が出始めているように感じられる。

広瀬は一か月麻原の本を読み続ける。広瀬は麻原の本の中でも、とりわけクンダリニーの覚醒についての部分はよく読んだだろう。麻原著の『生死を超える』の冒頭は、クンダリニーの覚醒の大切さが説かれているし、そのあとには石井久子のクンダリニー覚醒の体験記が載っている。ここから、広瀬は麻原の本から刷り込まれた暗示により、幻覚が生じ、ついにクンダリニーの覚醒という幻覚を見る。すべては、麻原の本と自分自身から暗示されたものを幻覚に見たに過ぎない。

中川は中学生のころから、宗教についての本を読み、仏教に惹《ひ》かれていたが、高校では阿含宗《あごんしゅう》に入信する。阿含宗からオウムという流れはほかの幹部にも見られることであり、そもそも麻原がたどってきた道である。ヨガ、クンダリニーの覚醒という概念は、阿含宗にもあるものだ。

中川は、入信の二年前に麻原著の『超能力「秘密の開発法」』を書店で買って読み、オウムに関心を持った。この本には、クンダリニーの覚醒の起序を記した章があり、「はじめに」には、「超能力者を目指す者がまず最初にクリアーしなければならないのが、クンダリニー（霊的エネルギー）の覚醒である」とある。

中川は大学の寮に入ってきたコンサートのチラシを見て、コンサートに向かう。その数日後にクンダリニーの覚醒を体験する。

いかにも即席的な覚醒と思えるが、麻原の本を読んだときには麻原に好感を持っていただろうし、クンダリニーの覚醒にも興味を持ったに違いない。そうしたこととのつながりで、コンサートに行ったとき、壇上にいる麻原の姿を初めて見て興奮し、今まで温められていた超能力を得たいとの気持ちが頭の中に広がった。このとき本から得た暗示が働き、中川にクンダリニーの覚醒の幻覚を生じさせた。

これが一つ目の説明だ。

広瀬・中川の過誤記憶

二つ目の説明は、広瀬・中川が全く修行を経ずに本からの暗示などだけでクンダリニーの覚醒のような幻覚体験をしたという考えから離れて、やはり広瀬・中川がクンダリニーの覚醒を体験するためには、修行によって暗示がかかりやすい条件に入ることが必要だと考える立場である。私は実はこの考え方のほうが、感覚的になじみやすいと思っている。しかしこれでは、修行をしないうちに神秘体験した、という広瀬・中川、本人たちの記憶に反することになる。

それでは、彼らを疑うのか、と言われるかもしれない。

私は広瀬や中川の言っていることを疑うわけではない。彼らの記憶を疑うのだ。

私たちの記憶は、短期の記憶については海馬、長期の記憶については大脳新皮質の連合野という部分にある神経細胞の集まりに蓄積される。私たちが過去に起こった一連のできごとを思い出すときには、脳は神経細胞に蓄えられた断片的な記憶を集めて過去を再構築する。しかし、そのまさに記憶を再構築するときに、その一部を変化、変形させることがありうるのだ。

この場合、記憶そのものは事実に反することになるが、その食い違いは意識して生じるものではない。このような、意図的ではないが事実と異なる記憶は過誤記憶または虚偽記憶として、心理学の対象となり、裁判実務にも影響している。

全米で刑事事件にDNA鑑定が導入されてから、三百人以上の冤罪《えんざい》が晴れた。その冤罪のもとになったものの約七十五%が目撃証言だったという。これは証人の過誤記憶によるもので不正確な記憶が思いもよらない影響を外部に与えた例といえる。

過誤記憶の発生には、当然時間の要素も入る。アメリカのケースであるが、八六年に起きたスペースシャトル爆発事故で、事故直後には爆発事故を友人から聞いて知ったと言っていたにもかかわらず、二年後には、爆発を直接テレビで見ていたことを確信を持って「思い出した」と述べた事例などが心理学の学界で紹介されている（DRM手続きを用いた虚偽記憶研究―虚偽記憶の発生過程と主観的想起経験―鍋田智広、楠見孝、心理学評論Vol.52 No.4）。そして、虚偽記憶の特性として、それが想起されるときに「強い確信をともなう」ことなどが指摘される。

「本を読んで入信前に神秘体験をした」とする広瀬の手記は、彼が入信してから二十年を経て作成されていて、「コンサートに行ってすぐに体験した」とする中川の法廷証言は、中川の入信から十年後のものだ。過誤記憶が生ずる可能性は年を追うごとに高くなっていくことを考えれば、彼らに過誤記憶が生じていたとしても何ら不思議はない。

事件後かなりの歳月が流れてからの発言で、その上惨《むご》たらしい事件の犯人が死刑判決を待つ極限の状態に置かれての発言でもあることを考えれば、その内容を慎重に吟味する必要があるということだ。

もう一つ付け加えると、自分がなぜオウムに入信してしまったか、という問いに対しても、入信前から神秘体験があって、やむを得ず入信したとするほうが、自分にも他人にも弁解しやすいという点も見落とせない。過去の自己の行動に対する無意識の合理化が、この過誤記憶につながっている可能性はあるだろう。

神秘体験の謎は解かれていない

神秘体験を生み出したものは何か。私なりにその答を見つけたいと考えここまで書き進んできたが、もちろんその答が見つかったとは思えない。

神秘体験が「暗示によって生まれる」「外界との隔離や過呼吸などから生まれる」などの考え方の紹介は、ただ、その答にたどり着くまでに、多様なアプローチがありうることを示しただけのことだ。

これは、私がこのような現象を解明することのできる専門家ではない以上、仕方のないことだと思う。

しかし、神秘体験が破壊的カルトを生み出す大きなきっかけとなっていること、その信者をカルトの中に閉じ込める働きをしていることが明らかである以上、この神秘体験なるものが幻覚に過ぎないことを、科学の力で解明することが必要である。この課題に最も真剣に取り組んだのが、精神病理学・精神医学の専門家であった故高橋紳吾氏だった。しかし、氏の努力によっても、なお、神秘体験の幻覚が生ずる仕組みについての謎が解き明かされているとはいえないことは、すでに述べたとおりだ。

高橋紳吾氏を超えて、精神病理学、心理学、脳科学などの面から、神秘体験の起こる起序を的確にとらえた科学的解明がなされることを期待したい。

オウムに飛び込んだ若者も、その動機に悪意があったわけではない。むしろ、ほかの若者よりも、まじめすぎた感がある。

そうした若者の世代に、神秘体験は少しも神秘でないのだと伝えることができれば、少なくとも神秘体験から破壊的カルトへという、国家的・社会的リスクはよりよく抑制されることになる。

自らオウムの道場に体験修行に入ったジャーナリスト大泉実成氏は、その著書（前掲・『麻原彰晃を信じる人びと』）の中でこう言っている。

「オウム信者はこれだけ社会からバッシングを受けているのに、なかなか脱会しようとしない。理由はいくつかあると思うのだが、やはり彼らが自分で体験している神秘体験に自信があるからだと思う。TVや新聞で教団の犯罪がさんざん暴かれても、彼らにとってそれはメディアを通した二次情報に過ぎない。彼らにとって最もリアリティがあるのは、麻原教祖のメソッドによって体験した神秘体験であり、それこそが一次情報なのである」

神秘体験を神秘として受け入れたあとでは遅いのだろう。

その前に、神秘体験は偽物だという科学的で社会的なメッセージが若者たちの前に示されなければならない。

決してオウムは一度で終わらない。今のオウムの増殖を抑え、次のオウムを出さないためには、このことを含め、改めて様々な取り組みが重ねられていく必要がある。

あとがき

一九九五年三月二十日。私は五十歳。その日FMラジオ局で昼前から生放送への出演が入っていた。何の番組だったかは思い出せない。自宅を出るにはかなり余裕があったので自宅でテレビのニュース番組を見ていたら、画面が突然変わって、地下鉄の駅の出口付近が映し出され、あたりにうずくまった人々の姿が見えたのを憶《おぼ》えているが、何かの事故だろうと考えていた。テレビ画面についていえば思い出せるのはそこまでだ。不思議だが、テレビの映像が白黒画面で記憶されている。記憶の中に色が浮かんでこない。

事件が何ものか分からないままに、新宿からラジオ局に向かうタクシーの中でニュースを聞いていた。ニュースはやはり、地下鉄での事件を報じていた。そのうち、「サリン」という言葉が耳に入った。

「これはオウムですよ！」。思わず運転手に向かって叫んでいた。

戦後史の中で内乱に最も近いこの事件が、テロ自体を目的とした地下組織ではなく、東京都の認可を経た公然組織である一宗教法人の手で行われたことは、日本の社会のみならず、国際社会にも大きな衝撃を与えた。

社会がこの事件に脅威を感じた理由は、麻原の指示のもとこの事件を実行した十五人が、精神を病んだ者でもなく、もともと社会に対する憎悪を抱いていたわけでもない若年者であったことにある。その上さらに、彼らのほとんどが、決して何らかの人格的な偏りがあったわけではない、極めて優秀な高学歴者であり、そしてオウムにさえ関わらなかったとしたなら前途有為な青年であったことだ。

この犯罪は、本文の中でふれたように、欲望にまみれた世俗の民を救済するものとして実行されている。世俗の民は、そのままではこの世で悪行をつみかさねるだけだが、これをポア（殺すこと。本来は、相手の意識を身体から抜き取ってより高い世界に移し替えること）することによって、来世でより高い世界に導くことができる、そう信じて犯行に及んでいる。

ここでは、彼らが学んだはずの学問の論理も、理性も、常識も、その働きを止めている。

麻原は別として、彼の指示のもとにこの犯罪を実行した十五人にとっては、あくまでも事件の実行は被害者に対する善意のもとになされている。この事件の恐ろしさはここにあると考えることもできる。

9・11（二〇〇一年九月十一日にアメリカで発生。航空機を使った史上最大の同時多発テロ事件）を犯したアルカイダに代表される、イスラム過激派系のテロリストはどうだろうか。イスラム原理主義テロリストたちは、アメリカに代表される西欧文明を敵とし、また同じイスラムであっても自らの原理に従わないシーア派を敵とし、この敵に究極の憎悪をかきたてながらテロを実行してきた。

一五年の一月に、フランスの雑誌社を襲撃し、警官を含む十二名を射殺したテロリストたちも根本において変わりはない。善意と憎悪。テロのモチベーションとなったときにどちらに恐怖を感じるかは人によって異なるだろう。

私はオウムのテロとイスラム過激派のテロとの間に、モチベーションの表層に違いがあるとしても、その肉塊には同じ血が流れていると考えている。そこに共通するのは、市場経済がもたらした世俗的な富と、さらにその上に築かれた自由な社会の秩序に対する徹底した拒絶の態度である。オウムではそれが、世俗即ち親族友人との絶縁、持てる富一切の教団への喜捨として現れている。この近代の拒絶を自らの内に築くばかりでなく、他者に対してもこれを強いる。このパターナリズムがテロの根底にある。

そうだからこそ、テロリストを生み出す社会的な基盤に対して正確な理解が必要になる。

テロとの戦いといえば〈テロを生むのは貧困と教育の欠如であり、テロは武力によってはなくならない。テロとの真の戦いは、貧困をなくすことと教育を施すことだ〉という説が必ず唱えられる。

氏名	役割	教団内の地位	備考(学歴/出家時期・年齢等)
麻原彰晃(本名松本智津夫)	首謀者	代表者、尊師	熊本県立盲学校高等部専攻科卒
村井秀夫	指揮者	科学技術省大臣	阪大大学院理学研究科修士課程修了 前職・神戸製鋼職員/1987年6月・28歳
井上嘉浩	調整役	諜報省長官	日本文化大中退/1988年3月・18歳
林郁夫	実行役	治療省大臣	慶大医学部卒 臨床医/1989年2月・42歳
広瀬健一	実行役	科学技術省次官	早大大学院理工学研究科修士課程修了/1989年3月・24歳
横山真人	実行役	科学技術省次官	東海大卒 前職・電線会社職員/1989年5月・25歳
豊田亨	実行役	科学技術省次官	東大大学院理学系研究科修士課程修了/1992年・24歳
林泰男	実行役	科学技術省次官	工学院大卒/1988年12月・31歳
新実智光	運転役	自治省大臣	愛知学院大卒/1986年後半・22歳
北村浩一	運転役	自治省次官	高校中退/1989年・21歳
外崎清隆	運転役	自治省次官	青森県立高卒 前職・土木作業員/1987年8月・23歳
高橋克也	運転役	諜報省所属	高専卒 前職・通信企業職員/1987年7月・29歳
杉本繁郎	運転役	自治省次官	岡山商科大卒 前職・建設会社職員/1986年9月・27歳
遠藤誠一	製造役	第一厚生省大臣	京大大学院医学研究科博士課程中退/1988年11月・28歳
土谷正実	製造役	第二厚生省大臣	筑波大大学院化学研究科博士課程中退/1990年・25歳
中川智正	製造役	法皇内庁長官	京都府立医科大卒/1988年8月・25歳

しかし、実際のテロリストの出自をみてみると、この考えには大いなる疑問を呈せざるを得ない。

地下鉄サリン事件を実行した犯人たちの学歴、職歴、出家の時期・年齢を右の表で見て確認いただきたい。

彼らには十分に教育が施されている。特別貧しい家庭に育った者もいないのだ。

これらのことは、イスラム過激派などの国際テロリストにも同様にいえることである。

アメリカの経済学者で、プリンストン大学の教授である、アラン・B・クルーガーはその著作『テロの経済学 人はなぜテロリストになるのか』の中で、豊富なデータと実証研究の結果に基づき、テロリストたちの多くは教育水準が高く、またその出身も中産階級以上の裕福な家庭であることを示している。

テロリストは豊かさの中に生まれうる。テロリストはどんな社会にも生まれてくる。

テロリズムは人間の本性の中に巣くっている何がしかではないかと疑わなければならない。

テロリストを生まない社会は創造不能ではないか。それは、犯罪を生まない社会が創造不能であるのと同じだと考える。テロリズムとの戦いとは、それを何が生んだかという次元での戦いではなく、テロがそれ自体テロであるがゆえに直接予防されなくてはならず、直接それに対して戦わなければならないということを意味する。何かを介在して戦うということではなく、

二〇一四年十月六日、イスラム教スンニ派過激派組織「イスラム国」に加わるために海外渡航を企《くわだ》てたとして、警視庁公安部が北海道大学の男子学生（二十六歳・休学中）を事情聴取し、私戦予備・陰謀の疑いで家宅捜索したというニュースが飛び込んできた。この原稿を書いている段階ではこの事件の真相はまだ明らかになっていない（一九年に書類送検され不起訴となっている）が、公安警察がいち早くこうした措置をとったことについては、「イスラム国」義勇兵に対する厳しい態度を国際社会に示すということ以外に、オウム事件なかんずく地下鉄サリンで、テロ予防に後手後手に回り苦い思いをしたことについての反省からきているに違いない。実際、イスラム国が、国家としての形態を取っていること、過激な宗教的教義で構成員を縛り付け、またその教義によって無差別または個別の残虐行為を繰り返していること、などの点で、オウム真理教と類似点が多いことも注目すべきである。

こうして、地下鉄サリン事件とオウムは今なおこの社会に影響を与えている。また、最新の公安調査庁の発表によればオウムを母体とする団体は二〇一四年九月現在、十五都道府県に三十二か所の拠点を持ち、信者数約千六百五十人、保有資産六億五千五百万円と増殖を続けている。

二〇一五年三月二十日、地下鉄サリン事件から二十年を迎える。

本書は、地下鉄サリンに関わった様々な方々が様々な思いで見た地下鉄サリン事件についての証言を、「本の雑誌」に二〇一二年一月号から二〇一四年十二月号まで連載したものに加筆すると同時に、新たに取材に応じてくださった方の証言と、地下鉄サリン事件を私の目から論じた三つの断章とを一体にして刊行するものだ。サリン事件で被害を受けた方々、その救出に当たった消防職員、警察官、自衛隊員、救急医療に当たった医師、被害者の後遺症ケアに当たっているボランティア、オウム真理教と様々な立ち位置から戦った人々、被害者の家族、脱会した信者、加害者の母たち、事件の報道者など。こうしてみると、この事件を立体的に見るために欠かせない人々ばかりの証言集となった。この証言集が、この事件からの教訓を次世代につなぐものとなってくれれば、望外の幸せである。

取材に応じていただいた三十二人の証人の皆さんに深く感謝申し上げるとともに、本書の出版に格別のご協力をいただいた、フリージャーナリスト磯貝陽悟氏、NPO法人リカバリー・サポート・センター事務局山城洋子氏、本の雑誌編集部の松村《まつむら》眞喜子《まきこ》氏に心から御礼を申し上げる。

二〇一五年二月　木村晋介《きむらしんすけ》

参照文献等

それでも生きていく　地下鉄サリン事件被害者の会（サンマーク出版）
アンダーグラウンド　村上春樹（講談社文庫）
大義なきテロリスト　佐木隆三（日本放送出版協会）
慟哭　佐木隆三（講談社文庫）
オウムと私　林郁夫（文春文庫）
オウム事件 17年目の告白　上祐史浩（検証有田芳生／扶桑社）
さよなら、サイレント・ネイビー　伊東乾（集英社文庫）
「オウム真理教」追跡２２００日　江川紹子（文藝春秋）
「オウム真理教」裁判傍聴記①　江川紹子（文藝春秋）
「オウム真理教」裁判傍聴記②　江川紹子（文藝春秋）
生きてかえれ！　坂本弁護士一家救出運動5年10か月の軌跡（坂本弁護士と家族を救う全国弁護士の会）
麻原彰晃を信じる人びと　大泉実成（洋泉社）
超能力と霊能者　高橋紳吾（岩波書店）
錯覚する脳　前野隆司（ちくま文庫）
洗脳原論　苫米地英人（春秋社）

脳内麻薬　中野信子（幻冬舎新書）
脳内麻薬の真実　高田明和（PHPビジネスライブラリー）
瞑想する脳科学　永沢哲（講談社選書メチエ）
オウム真理教元信徒の手記　広瀬健一（円光寺）
マインド・コントロールから逃れて　滝本太郎　永岡辰哉編著（恒友出版）
マインドコントロールからの解放　オウム真理教信徒救済ネットワーク編著（三一書房）
オウムをやめた私たち　カナリヤの会編（岩波書店）
マインド・コントロールとは何か　西田公昭（紀伊國屋書店）
毒のはなし　D・バチヴァロワ　G・ネデルチェフ（山崎紀美子　川並辰男訳／東京図書）
臨死体験　上・下　立花隆（文春文庫）
生、死、神秘体験　立花隆対話篇（書籍情報社）
「オウム真理教事件」完全解読　竹岡俊樹（勉誠出版）
連合赤軍とオウム真理教　パトリシア・スタインホフ　伊東良徳（彩流社）
サリンが来た街　磯貝陽悟（データハウス）
推定　有罪　磯貝陽悟（データハウス）
オウムからの帰還　高橋英利（草思社文庫）
サリン事件　ANTHONY　T・TU（東京化学同人）
「地下鉄サリン事件」戦記　福山隆（光人社）

「疑惑」は晴れようとも　河野義行（文春文庫）
今を生きるしあわせ　河野義行（鳳書院）
新潮45　二〇〇〇年九月号　保存版「オウム裁判」全ガイド　青沼陽一郎（新潮社）
麻原彰晃の誕生　髙山文彦（文春新書）
麻原を死刑にして、それで済むのか？　渡辺脩（三五館）
生死を超える　麻原彰晃（オウム）
超能力「秘密の開発法」　麻原彰晃（大和出版）
サイエンティスト　ジョン・C・リリー（菅靖彦訳／平河出版社）
ご冗談でしょう、ファインマンさん　下　R・P・ファインマン（大貫昌子訳／岩波現代文庫）
解離性障害　柴山雅俊（ちくま新書）
謎解き超常現象DX《デラックス》　ASIOS（彩図社）
テロの経済学　人はなぜテロリストになるのか　アラン・B・クルーガー（藪下史郎訳／東洋経済新報社）
二〇一二年五月二十六～二十七日放映　NHKスペシャル　未解決事件 File.02「オウム真理教　17年目の真実」「オウムvs警察　知られざる攻防」

文庫版へのあとがき

かたき討ちとしての被害者支援

私がサリン事件から三十年の節目にこの本を出さなければならないと思ったのは、地下鉄サリン事件という未曽有《みぞう》のできごとを、考えられるあらゆる角度から、立体的な史実として著すことの必要性を感じたからである。さらにいえば、私は実はその立体の真ん中近くに住んでいるのを感じていた。いいかえれば、私は「ライターとして地下鉄サリン事件に興味をもって、そいつを外側からアプローチして真相に迫る」というのではなく、その真相の内側から告発する立場にあったのだ。

具体的にいえば、一つには、地下鉄サリン事件を被害者支援団体R・S・C（本書第七章）の理事長として、現実に被害者の健康診断を実施したり被害者同士の交流の場を設けたりする立場に長年身を置いた。だから、地下鉄サリン事件を語ることは、まず私の日常生活の内実を内側から外側にむけて発信することだった。

もう一つは、なぜそんな立場にいることになったのかということである。本書の序章に述べるように、私は、オウムによる坂本《さかもと》弁護士一家の救出運動に深くかかわってきた。そして、それが失踪事件ではなく、虐殺事件であったことを知った時、耐え難い苦痛と、強い無力感を覚えて、深く傷ついた。その無力感から立ち上がるすべとして、一連のオウム事件の被害者の心身にわたるケアに取り組むことがあった。R・S・Cはそういう意味において、私自身にとって、坂本弁護士一家殺害事件のかたき討ちの場といってよいのである。

三十二人の証言の構成

こういうわけで、三十二人の証言のうち、二十五人は直接間接にR・S・Cに関わりを持つ方々である。第二章の証人の筆頭の三人は、地下鉄サリン事件発生直後に現場に出動した消防官、警察官、元陸上自衛官である。三氏は同時に二次被害者としてR・S・Cのケアを受けた立場にもあり、快く証言を引き受けてくださった。

同じく第二章で登場する、聖路加国際病院の石松《いしまつ》氏は当時救命救急センター主任として、救急の現場で大量の被害者を受け入れたが、当初からR・S・Cの医療メンバーとして活動し、健康診断の際は問診を担当してきた。被害者から最も頼りにされた石松氏は、いまは同病院の院長である。

第三章では、R・S・Cでケアしてきた被害者を中心に、被害があった路線別に実情を踏まえて証言を得た。例えば、小伝馬町《こでんまちょう》は、被害者が最も多いため三人から証言を得ている。

ただし、「重篤」の被害者はR・S・Cとは別枠になるが、二〇二〇年に低酸素脳症により亡くなられている。これにより、地下鉄サリン事件による死者は、十四人となった。

第四章の村井秀夫《むらいひでお》刺殺犯は、とあるその筋の人からの紹介である。

第五章の死刑囚二人の御母堂とは奇跡的に対談が実現した。科学的な知識があることが、教祖の犯罪を止めることではなく、かえってそれを実行することに向けられていった。何度読んでも哀しい。広瀬健一《ひろせけんいち》さんと中川智正《なかがわともまさ》さんのお二人には、一八年七月、死刑が執行されている。二人の御母堂がどんな気持ちでこれを受け止めておられるだろうか。

第六章では、オウムに入信して脱出してきた若者と、入信してしまった若者の脱会を助けた父親の話を聞いた。父親はR・S・Cにしばしば受診されている。

第七章では、R・S・Cの被害者支援がどんな背景のもとに始まったのか、ということと、ケアの実際の姿をあらゆる側面から明らかにした。このR・S・Cの活動は、診察行為としては目的を達したものとして、この三月末を以《もっ》て終了することとなった。事務所を持ち、専従職員を一人雇用してここまで支援を続けられたのは、ボランティアスタッフ、医師、そして長期にわたって経済的支援を続けてきてくださったドナーの皆さんの心意気によるものだ。これにはどんなに感謝しても感謝し足りない。

第八章では、死の危険と隣り合わせたオウムとの戦いに参画した弁護士たちの姿を描いた。彼らのような英雄的弁護士とともに殺人集団オウムと戦ったことは、私にとっても人生の大きな宝物である。

第九章では、地下鉄サリン事件の前年六月に起きた、松本《まつもと》サリン事件について三つの角度から証言を得た。サリンによって深刻な被害を受けている事件の第一通報者河野義行さんが、全く非科学的な根拠で犯人とみなされていく。そのことによって、真の犯人であるオウムが行動をエスカレートさせ、地下鉄サリン事件を起こしている。三人の証言者によってその不条理が明かされる。河野さんは、長くR・S・Cの理事をされていた。

第十章は、一連のオウムの犯罪の起点にもなった、坂本堤《つつみ》弁護士一家の事件を、母親である、さちよさんの眼から振り返ってもらった。さちよさんには、昨年の十月に電話で本書の出版のご挨拶《あいさつ》をさせていただいたが、坂本一家の救出をめざす街頭キャンペーンのころと少しも変わらない元気なお声に驚かされた。

断章一は、地下鉄サリン事件の予防という意味で、決定的な意味を持つ、もう一つのサリン事件にスポットを当てた。この事件は、松本サリン事件の十二日後に発生している。ここで警察が基本的な捜査を怠ったことの罪は、あまりにも重い。また、長野県警と神奈川県警はそれぞれ、オウムが大量のサリンの原料を仕入れていることを裏付ける捜査結果の報告書を警察庁にあげていた。しかし、警察庁はこれを握りつぶしたのである。国民の命を守る気概に欠けること著しい。

断章二では、無罪が争われた地下鉄サリン事件。どんなことが争われて裁判所がどのような判断を下したのかを明らかにした。

断章三は、科学的に高度な知識を持った若者が、神秘体験を機に、殺人鬼に変身する。そんなことがなぜ起こるのかを、私を使った実験も含めて検証したものだ。明確な答はなかったが、ここには改めて科学的な検証が行われることを期待したい。なんといっても、真面目で優しい若者を、平気で殺人を犯す鬼人に変えたのは、神秘体験なのだから。

大規模テロは起こりうるのか

地下鉄サリン事件が、事件から三十年を経た現代社会に及ぼすことについて発言しておきたい。地下鉄サリン事件を一つのモデルとして見た場合、確かに地下鉄サリンモデルのような、大規模テロ事件は以来起こっていない。しかし、地下鉄サリン事件の一つの性質が政治テロであったとすれば、どうだろうか。地下鉄サリン事件は、第一章犯罪の系譜のところで述べたように、直接に国家転覆を目的としたものではない。しかし、警察がオウムの施設に対して強制捜査を行おうとしていたのを知って、その警察の捜査を攪乱《かくらん》する目的でなされたという点で、いいかえれば、国家の中枢機構の行動を実力で阻止しようとして行われたという点だけでとらえれば、国家に向けられた政治的なテロ犯罪である。

このような政治的な目的によるテロ事件がこの三十年間なかったというわけではない。特に、二二年七月に奈良で起きた安倍晋三《あべしんぞう》元首相に対する銃による殺害事件は、社会に大きな衝撃を与えた。また、未遂ではあるが、二三年四月岸田《きしだ》首相（当時）を爆発物で襲撃した事件も社会に与えた影響は大きいし、両者とも選挙演説中または直前の攻撃だった点もあり、政治的な目的のものということができるだろう。

しかし、安倍氏と岸田氏を狙った犯人は組織的背景がない（らしい）いわゆる一匹狼である。この点が、地下鉄サリンモデルとは大きな違いといえる。地下鉄サリンモデルのような大規模テロは、組織の力なくしてできるものではない。では、私たちはそこで安心できるのだろうか。いや、安心できないと私は思うのだ。

オウムに代表されるカルト宗教が、その信者に叩《たた》き込む教義は、その宗教的教義だけではない。それは三つのことに単純化できる。その第一は、教団を最大化するために金を支出させ、さらに集めさせることである。教団と信者の間には、常に集金圧力がはたらく。信者の資産だけではなく、信者の家族の資産も狙われる。もちろんそのために、家族や知人も信者に引き入れる方法がとられる。その第二は、それらの集金活動に対する世の中の批判を逆に批判することである。カルト宗教では、教団の教義を批判することはサタン・悪魔の仕業と逆批判されるのが普通だ。第三に、この逆批判は、時として暴力や脅迫を伴うものになる。この逆批判を言論戦にとどめず、ジャーナリストに対する心理的、物理的な攻撃を行う。これが国家の要人や国家社会全体規模に及ぶものになるのがテロ事件である。

このようなやり方は、オウムに限らない。

その集金の在り方が批判されているカルト教団は、今その集金の仕方について様々な制約を受けている。

例えば、オウムの後継団体アレフにしていえば、オウムに対する特別の規制法によって、金品の贈与を受けることが禁止されているだけでなく、三か月に一度信者の住所氏名、団体のもつ資産を報告することが義務づけられている。統一教会についてはこれほどではないが、教会の蓄財のための基盤には、二つの面から、立法や裁判例によって大きな制約がかけられている。例えば、消費者契約法の霊感商法に対する解約権の強化だ。二三年の改正では、霊感などを根拠にして消費者を不安にさせて売買契約を締結した場合だけでなく、本人がもともと持っていた不安に乗じて契約を取った場合にも、解約に応じなければならなくなった。この法改正は、いわゆる霊感商法による教団の蓄財に大きな影響が生ずるとされている。二つ目は二四年七月十一日の最高裁判例である。ここでは、教団が受けた高額な献金について、「献金の返金は請求しない」という献金者の公正証書の念書がある場合であっても、献金時の諸事情によりして返金すべきであるとした。そもそもそんな念書を作るくらいだから、献金後に返金を求められるケースが多数あることがうかがわれる。従ってこの判例の影響は大きい。

どれも、被害者救済を強化するものであり、私たちから見れば、好ましいものばかりである。

しかし、カルト宗教の資金源を制約することは、教団の側の論理からいえば、国の力でその教団の経済的な基礎の維持拡大を権力的に制限することでもある。他方、統一教会については、宗教法人法に基づく解散命令の審理が始まっている。教団側から見れば、これらは権力による宗教迫害であり、魔女狩りであり、そしてサタンの仕業なのである。

これを踏まえて、この十年以内に「資金源に窮したいずれかのカルト教団による大規模テロの可能性は」と問われれば、私は決して楽観できないと答えざるを得ないのである。

三十年を経て、地下鉄サリン事件を振り返りここから学ぶ意義はいまなお限りなく大きいのだ。

二〇二四年十一月　木村晋介《きむらしんすけ》

本書は、二〇一五年三月に本の雑誌社より刊行された単行本を加筆修正のうえ、文庫化したものです。

サリン

それぞれの証《あかし》

木《き》村《むら》晋《しん》介《すけ》

令和７年 ２月25日　初版発行

発行者●山下直久

発行●株式会社KADOKAWA
〒102-8177　東京都千代田区富士見2-13-3
電話　0570-002-301（ナビダイヤル）

角川文庫 24532

印刷所●株式会社暁印刷
製本所●本間製本株式会社

表紙画●和田三造

●お問い合わせ
https://www.kadokawa.co.jp/（「お問い合わせ」へお進みください）
※内容によっては、お答えできない場合があります。
※サポートは日本国内のみとさせていただきます。
※Japanese text only

ISBN 978-4-04-115654-4　C0195

◇◇◇

角川文庫発刊に際して

角川源義

第二次世界大戦の敗北は、軍事力の敗北であった以上に、私たちの若い文化力の敗退であった。私たちの文化が戦争に対して如何に無力であり、単なるあだ花に過ぎなかったかを、私たちは身を以て体験し痛感した。西洋近代文化の摂取にとって、明治以後八十年の歳月は決して短かすぎたとは言えない。にもかかわらず、近代文化の伝統を確立し、自由な批判と柔軟な良識に富む文化層として自らを形成することに私たちは失敗して来た。そしてこれは、各層への文化の普及滲透を任務とする出版人の責任でもあった。

一九四五年以来、私たちは再び振出しに戻り、第一歩から踏み出すことを余儀なくされた。これは大きな不幸ではあるが、反面、これまでの混沌・未熟・歪曲の中にあった我が国の文化に秩序と確たる基礎を齎らすためには絶好の機会でもある。角川書店は、このような祖国の文化的危機にあたり、微力をも顧みず再建の礎石たるべき抱負と決意とをもって出発したが、ここに創立以来の念願を果すべく角川文庫を発刊する。これまで刊行されたあらゆる全集叢書文庫類の長所と短所とを検討し、古今東西の不朽の典籍を、良心的編集のもとに、廉価に、そして書架にふさわしい美本として、多くのひとびとに提供しようとする。しかし私たちは徒らに百科全書的な知識のジレッタントを作ることを目的とせず、あくまで祖国の文化に秩序と再建への道を示し、この文庫を角川書店の栄ある事業として、今後永久に継続発展せしめ、学芸と教養との殿堂として大成せんことを期したい。多くの読書子の愛情ある忠言と支持とによって、この希望と抱負とを完遂せしめられんことを願う。

一九四九年五月三日